日本のお菓子

Japanische Backkunst

ヴェントゥラ 愛

FOTOGRAFIE: CHARLIE DREVSTAM

日本のお菓子

Ai Ventura

CHRISTIAN

VORWORT

Ich bin 2013 von Tokio nach Stockholm gezogen. Schweden hat eine ausgeprägte Kaffeekultur und viele Schweden lieben Gebäck. Wenn die Leute hören, dass ich Konditorin bin, bekomme ich viele Fragen: Wie trinkt man Kaffee in Japan? Welches Gebäck mögen die Japaner am liebsten? Was magst du selbst am liebsten?

Es war schon toll, dass mich die Leute nach japanischer Backkunst fragten, aber gleichzeitig war es ein wenig frustrierend, dass ich den Schweden, mit denen ich gesprochen habe, keine wirklich gute Erklärung geben konnte. Wo sollte ich anfangen? Die japanische Konditoreikultur ist so facettenreich, traditionell und modern zugleich. Aus diesem Frust wurde dann jedoch eine Idee geboren. Vielleicht sollte ich als Konditorin, die in Japan geboren und aufgewachsen ist, es mir zur Aufgabe machen, die Schweden an japanisches Gebäck heranzuführen.

Mein eigenes Interesse am Backen wurde früh geweckt. Ich habe viele schöne Kindheitserinnerungen an das Backen in der Küche zusammen mit meiner Mutter. Sie konnte wirklich gut kochen und backen und liebte es, Gäste nach Hause einzuladen. Sie lernte das Backen aus Magazinen, Kochbüchern und Fernsehen, oder sie versuchte das nachzukochen, was sie im Restaurant gegessen hatte. Auf unserem Tisch stand immer viel gutes Essen, und zum Kaffee hat sie oft Kuchen gebacken oder Gebäck in einer Konditorei gekauft. Zu unseren Geburtstagen bekamen mein Bruder und ich immer eine leckere Torte. Wir haben in unserer Kindheit viel gutes Gebäck gegessen.

Ich war ein Kind, das Spaß daran hatte, andere zu erfreuen und zu überraschen, und fand es schön, für meine Eltern und Freunde zu backen. So wurde das Backen schon früh zu meinem Hobby, und ich holte mir Kochbücher aus dem Bücherregal meiner Mutter und versuchte mich im Laufe der Zeit an immer komplizierteren Backwerken.

Nach dem Abitur arbeitete ich als Kellnerin in einem Restaurant. Der Besitzer war leider nicht sehr begeistert von Backwaren oder Desserts, sodass auf der Dessertkarte nur fertig gekauftes Eis stand. Ich liebte das Backen und lud oft die Kollegen und Köche aus dem Restaurant zu Selbstgebackenem ein. Eines Tages probierte es auch der Restaurantbesitzer und rief aus: »Oh, das ist so lecker! Back mal mehr davon und wir verkaufen das dann als unsere Desserts!« So begannen meine Karriere als Konditorin und mein erstes Geschäft.

Drei Jahre lang habe ich zu Hause gebacken, und das Restaurant kaufte und verkaufte mein Gebäck als Nachtisch des Tages. Tagsüber arbeitete ich in einer Apotheke, und so habe ich dann oft bis mitten in der Nacht für das Restaurant gebacken. Manchmal gelang mir etwas nicht gleich und ich musste von vorne anfangen. Dann ging das Backen bis zum Morgengrauen. An manchen Tagen war ich so müde, dass ich im Zug einschlief und meine Station verpasste, und es kam sogar vor, dass ich das Gebäck im Zug vergaß. Aber ich war 20 Jahre alt und genoss das Leben. Ich kalkulierte Ausgaben, kaufte Zutaten, backte und schrieb Rechnungen. Ich machte Fotos von meinem Gebäck und fertigte eine handgeschriebene Dessertkarte an, die ich im Restaurant an die Wand hängte, und wenn eine Bestellung kam, richtete ich das Dessert mit viel Liebe auf einem Teller an.

Ich erkannte langsam, aber sicher, dass der Beruf des Konditors wirklich mein Traum war, und beschloss, eine richtige Ausbildung zu machen.

In der Backschule lernte ich japanisches Backwerk und Brot herzustellen, und auch viel über Lebensmittelhygiene und alles, was ein Konditor sonst noch wissen muss. Auf dem Weg zur Schule kaufte ich oft neues Gebäck in Konditoreien und Kaufhäusern, um mehr zu erfahren. Ich probierte, fotografierte die Querschnitte des Gebäcks, recherchierte und machte mir Notizen. Nach Schulschluss habe ich für das Restaurant gebacken. Dann habe ich noch für mich und meine Klassenkameraden eine Reise nach Paris organisiert, um das klassische französische Gebäck vor Ort zu probieren. Es war eine stressige Zeit, aber ich war überglücklich, mehr über all das zu erfahren, was ich so liebte.

Nach meinem Abschluss gelang es mir, einen Job in der Konditorei zu bekommen, die ich für die beste in ganz Tokio hielt. Sie wurde von einem renommierten Konditor geführt, der Weltmeisterschaften gewonnen hatte und international anerkannt war. Sein Gebäck war unglaublich. Aber die Realität war dann für mich doch völlig anders als mein Traum.

Die Arbeit war sehr anspruchsvoll. Wir arbeiteten 15 Stunden am Tag, vom frühen Morgen bis zum späten Abend, mit nur einem Ruhetag pro Woche. Das Gehalt war niedrig und ich war die einzige Frau. Viele junge Leute schauten zu den berühmten und charismatischen Konditoren auf, aber viele verloren auf dem Weg auch ihren Traum. Mein Körper schmerzte vom schweren Heben, der Arbeit in den Kühlräumen und den langen Arbeitstagen. Gleichzeitig trennte ich mich dann auch noch wegen unserer unterschiedlichen Lebensstile von meinem Freund. Schließlich merkte ich, dass ich körperlich und geistig so erschöpft war, dass ich nicht mehr wusste, ob ich das Backen wirklich noch liebte.

Ich musste mich ein paar Monate ausruhen und begriff während dieser Zeit, dass ich die Umgebung wechseln musste, bevor auch ich meinen Traum vollständig verlieren würde. Ich war enttäuscht von mir selbst und schämte mich dafür, dass ich das, was ich mir vorgenommen hatte, nicht geschafft hatte.

Meine Cousins nahmen mich schließlich auf eine Wanderung auf den Fuji, den höchsten Berg Japans, mit. Eigentlich waren körperliche Herausforderungen nichts für mich, aber ich beschloss, den Gipfel des Berges zu erreichen. Plötzlich stand ich da, so hoch, wie man nur kommen konnte, und diese Erfahrung brachte mich zum Nachdenken: Wenn ich daran glaube, dass es mehr als nur einen Weg nach vorne gibt, kann ich fast alles machen. Ich kann die Idee, in der berühmten Konditorei zu arbeiten, loslassen, ich muss nicht kämpfen, um Pièces montées, riesige Zucker- und Schokoladenskulpturen, zu erschaffen. Ich muss nicht für Meisterschaften trainieren. Vielleicht reicht es ja, gutes Gebäck zu backen, das die Menschen glücklich macht?

Eine Freundin erzählte mir von einem Buch darüber, wie man seinen eigenen Online-Shop startet. Ich kaufte das Buch und las es noch am selben Tag durch. Ich würde anfangen, meine Backwaren online zu verkaufen! Meine Großmutter war gerade in ein Pflegeheim gezogen und meine Mutter schlug vor, das Geschäft in der Küche meiner Großmutter zu starten. Ich renovierte die Küche, sodass sie für die Lebensmittelproduktion zugelassen wurde, und so wurde meine eigene kleine Konditorei, *Patisserie Bon Aibon*, geboren.

Ich schickte Torten und Kuchen mit Kühlversand ins ganze Land und nahm Bestellungen direkt von meinen Nachbarn entgegen. Nach zwei Jahren renovierte ich ein Zimmer als Konditorei und hatte fünf Tage in der Woche geöffnet. Gleichzeitig kam ich wieder mit meinem Ex-Freund zusammen, wir heirateten und fühlten uns bereit für ein Abenteuer. Dieses Abenteuer sollte der Umzug nach Schweden werden.

Meine Kunden wären wahrscheinlich traurig gewesen, wenn ich die Konditorei einfach so geschlossen hätte, also haben wir die Räumlichkeiten in ein Café verwandelt, das meine Mutter unter dem Namen *Maman Café* betreibt. Wenn ich heute nach Tokio fahre, gebe ich dort Backkurse, bei denen ich die Japaner mit schwedischen Backwaren und der schwedischen Esskultur bekannt mache.

Wir ließen also Familie, Verwandte und Freunde in Japan zurück und zogen nach Stockholm. Es war eine aufregende Zeit. Ich konnte die Sprache nicht und beschloss, all meine Energie darauf zu verwenden, Schwedisch zu lernen. Eines Tages besuchte ich das Ostasiatische Museum und traf zufällig eine Japanerin, die in dem Gebäude ein Café betrieb. Sie fragte mich nach Rezepten und ob ich im Café helfen könnte. Das führte dazu, dass ich mich selbstständig machte und schließlich anfing, für japanische Kunden in Stockholm zu backen. Ich bekam meine erste Tochter und backte weiter, wenn sich während des Mutterschaftsurlaubs die Gelegenheit ergab. Das Interesse an japanischem Backwerk schien groß zu sein, meine Backkünste begannen sich herumzusprechen, und als ich auf die Idee kam, ein Pop-up-Café zu betreiben, stand an manchen Tagen sogar eine Schlange auf der Straße. Als ich nach meinem zweiten Kind mein Pop-up-Café im Ostasiatischen Museum aufmachte, ging es richtig los. Nun standen nicht nur Japaner mit Heimweh Schlange, sondern auch immer mehr neugierige Schweden.

Es ist überraschend und eine große Freude, dass so viele Menschen kommen, um mein Gebäck zu probieren. Shortcake, Choux Cream, Ichigo Daifuku, Dorayaki, Melonpan und Anpan – es ist herrlich, meine Liebe zur japanischen Backkunst zeigen zu können. Ich kann mein Japan teilen und fühle gleichzeitig, dass ich ein Teil Schwedens werde.

Mein zweiter Geburtstag. Mit Mama und selbst gemachter Torte, Tokio 1986.

Einleitung

Das Backen in Japan ist ähnlich und doch anders als hier in Europa. In diesem Abschnitt werde ich zuerst den Unterschied zwischen verschiedenen Arten des japanischen Backens erklären und dann auf die benötigten Zutaten und Gerätschaften eingehen. Der Abschnitt mit spezifischen Techniken und Schritt-für-Schritt-Beschreibungen beginnt auf Seite 132.

Die Rezepte in diesem Buch habe ich in drei Kategorien unterteilt: Wagashi, Yogashi und Kashi-pan, da sie sich stark voneinander unterscheiden. Wagashi bedeutet in etwa japanisches Gebäck, Yogashi Gebäck aus dem Westen und Kashi-pan bedeutet süßes Brot.

Diese Kategorien unterscheiden sich in Zutaten, Aussehen und Geschichte. In Japan ist es selten, dass eine Konditorei alle drei Arten von Backwaren verkauft, denn normalerweise wird Wagashi in Wagashi-Konditoreien, Yogashi in Yogashi-Konditoreien und Brot in Bäckereien verkauft. In Supermärkten oder Lebensmittelgeschäften hingegen bekommt man Gebäck aus allen drei Kategorien.

WAGASHI

Über Wagashi zu erzählen bedeutet, in die Geschichte Japans einzutauchen. Es gibt traditionelles Gebäck, dessen Geschichte über 1.000 Jahre zurückverfolgt werden kann. Die als Wagashi bezeichneten Backwaren sind eng mit dem Buddhismus und der japanischen Teezeremonie Chado verbunden.

Jahreszeiten und Feiertage spielen auch eine große Rolle beim Wagashi. Wenn der Herbst kommt, sehnt man sich nach dem Kastaniengebäck, und Gebäck mit Kirschblüten wird nur im Frühjahr serviert.

Viele Backwaren gehören zu einem besonderen Ereignis, zum Beispiel Hina-matsuri (Mädchenfest), Hanami (Kirschblütenpicknick) und Tanabata (Sternenfest).

Die Hauptzutaten für Wagashi sind zum Beispiel Adzukibohnen, weiße Bohnen, Reis oder Reismehl und Zucker. Adzukibohnen wurden bereits um 4.000 v. Chr. angebaut, und es ist bekannt, dass wir Japaner bereits vor über 12.000 Jahren Kastanien aßen, die im Herbst oft für Wagashi verwendet werden.

Mitte des 6. Jahrhunderts kam der Buddhismus nach Japan, und im 7. Jahrhundert vertiefte sich Japans Austausch mit dem chinesischen Kontinent. Japanische Gesandte pendelten zwischen Japan und China und brachten neues Gebäck und Backtechniken mit, die Tou-gashi oder Kara-kudamono hießen. Das Backen hatte zu dieser Zeit vor allem zeremoniellen Charakter und Gebäck war kein Allgemeingut.

In einem japanischen Roman aus dem Jahr 1005, *Die Geschichte vom Prinzen Genji*, wird eine Art Mochi-Gebäck namens Tsubaki Mochi erwähnt. Es gilt als das älteste Wagashi und

Ursprung der heutigen Wagashi. Tsubaki Mochi besteht aus einem Mochi-Teig, der mit dem Saft aus der Wurzel einer süßen Pflanze aromatisiert, zu einer Kugel gerollt und mit zwei Kamelienblättern umwickelt wird.

Heute wird der Teig mit Domyoji-ko (grobes Klebreismehl) und Zucker hergestellt und oft mit Anko, Adzukibohnenpaste, gefüllt. Hauptsächlich wird es im Februar in Kyoto verkauft.

Im Jahr 1191 kehrte ein japanischer Mönch mit Tee und Teepflanzen aus China zurück, was das Teetrinken in Japan förderte, das zuvor nicht sehr weit verbreitet war. Zusammen mit der Teekultur wurde Dim Sum in Japan populär und hatte einen großen Einfluss auf die Herstellung von Gebäck. Dim Sum-Teigtaschen gab es in vielen Formen, mit Fleisch und salzigen Aromen, aber da die Zen-buddhistischen Mönche kein Fleisch aßen, wurde die Füllung zum Beispiel durch süße Adzukibohnen ersetzt. Die Backwerke Yokan und Manju zum Beispiel haben ihren Ursprung in der Dim Sum-Tradition.

Ab der Muromachi-Zeit (1336–1573) kamen christliche Missionare aus Portugal, Spanien und den Niederlanden nach Japan, um das Christentum zu verbreiten. Gleichzeitig führten sie viele neue Backwaren in Japan ein. Das Gebäck Nanban-Gashi wurde aus Weizenmehl, Eiern und Zucker hergestellt, Zutaten, die in Japan noch sehr selten waren. Viele dieser frühen Backwaren wurden weiterentwickelt und verwandelten sich in neues japanisches Gebäck. Der Import von Zucker nahm zu, und gleichzeitig wurde die Teezeremonie Chado auch bei der breiten Masse immer beliebter. Viele neue Wagashi-Gebäcke, die zur Teezeremonie passen, wurden kreiert.

Während der Edo-Zeit (1603–1868) schloss Japan die Tür zur Außenwelt und schränkte Reisen und Handel ein. In dieser Zeit entstand eine klare japanische Kunst und Kultur, wie das Kabuki-Theater, die alltäglichen Darstellungen in der Holzschnittkunst Ukiyo-e, und auch das Wagashi-Backwerk entwickelte sich weiter.

Auch wenn Wagashi eine alte Tradition ist, hat es nicht aufgehört, sich zu entwickeln. Zum Beispiel ist Ichigo Daifuku, das Gebäck mit der eingewickelten Erdbeere (siehe Seite 115), ebenso eine moderne Wagashi-Variante wie Mochi, in deren Teig Schokolade geknetet wird.

YOGASHI

Yogashi sind Gebäckstücke, die ihren Ursprung im Westen haben, sich aber im Laufe der Zeit auf japanische Weise entwickelt haben. In dieser Kategorie gibt es auch völlig neue Backwaren, die in Japan erfunden wurden, aber von Techniken oder Rohstoffen aus dem Westen inspiriert sind. Nach mehr als 200 Jahren, in denen sich das Land nach innen wandte, begann die offenere Meiji-Zeit (1868–1912), in der viele kulturelle Einflüsse von der Außenwelt Japan erreichten. Nach und nach wurden viele Backwaren aus Europa und den USA eingeführt, wie Schokolade, Kuchen, Torten, Süßigkeiten und Eis.

Ich nenne immer Shortcake (Seite 25) als typisches Beispiel für Yogashi, aber die meisten Leute in Europa scheinen nicht wirklich zu verstehen, was ich meine. Wahrscheinlich, weil sie denken, dass ein japanischer Shortcake das Gleiche ist wie die Erdbeertorte, die man in Schweden zu Mittsommer isst. Ja sicher, sie ähneln sich, aber vor allem im Aussehen, während sie im Geschmack völlig unterschiedlich sind. Eine schwedische Erdbeertorte kann auf sehr vielfältige Weise hergestellt werden, sie kann Marmelade, Vanille- oder Zitronencreme enthalten und der Tortenboden kann manchmal sogar aus Baiser sein.

Ein japanischer Shortcake enthält nur Tortenböden, Sahne und frische Erdbeeren. Und die Zubereitung ist sehr festgelegt: Das japanische Weizenmehl enthält weniger Eiweiß und ist feiner als schwedisches Weizenmehl, wird aber trotzdem sorgfältig gesiebt, bevor es in den Teig gemischt wird, um die angestrebte Lockerheit zu erreichen. Die Eier werden nach dem Aufwärmen im Wasserbad schaumig verquirlt, aber nie zu lange. Außerdem bekommt der Teig durch vorsichtiges Aufschlagen gegen Ende gleichmäßigere und feinere Luftblasen. Richtig gebacken, ergibt das einen Tortenboden mit einer ganz besonderen Konsistenz. Auch die Sahne ist gut durchdacht: Sie wird in verschiedene Konsistenzen geschlagen, je nachdem, ob sie im Inneren des Kuchens verwendet, an den Seiten verstrichen oder gespritzt werden soll. Eine perfekt eingestrichene Torte ist einfach magisch, besonders wenn die frischen Erdbeeren auch eine optimale Balance zwischen Süße und Säure aufweisen. Ein perfekter Shortcake ist nicht zu süß und hat eine leichte Konsistenz. Die Tortenstücke werden mit einem warmen Messer in exakt gleich große Stücke mit einem schönen Querschnitt geschnitten. Darin liegt das Wesen unserer japanischen Backkunst: Handwerk, Genauigkeit und Sorgfalt.

Einige Zutaten tauchen oft in modernen Yogashi auf, wie die japanische Zitrusfrucht Yuzu oder das grüne Matchapulver. Yuzu wurde zuerst als Zitrusakzent im Essen und in Wagashi verwendet, ist aber jetzt oft auch in Yogashi zu finden. So wie Matcha nicht mehr nur als Tee getrunken wird, sondern in den letzten 20 Jahren immer mehr in Gebäck auftaucht. Da diese Backwerke den Geschmack von Wagashi, aber die Technik von Yogashi entlehnt haben, werden sie manchmal als Wayogashi bezeichnet. Das ist die Art von Gebäck, die anderswo auf der Welt Japan symbolisiert.

Im Kontrast zu Handwerk und klassischem Gebäck ist Japan heute auch ein Land, in dem kurzlebige Trends einander in schneller Folge ablösen. An einem Tag sind es Donuts, die jeder essen möchte, am nächsten Tag ist es ein anderes Gebäck, das explosiv an Popularität gewinnt.

KASHI-PAN

Kashi-pan bedeutet süßes Brot und zeichnet sich durch süße Weizenteige aus, die zu Wecken geformt werden, manchmal mit Füllung. Der Teig ist ein wenig süß, fluffig, weicher und feiner im Geschmack als normales Brot, weil er mit Butter und Milch gebacken wird. Die zarte Konsistenz entsteht durch das Kneten und dadurch, dass der Teig dann während des gesamten Prozesses sorgfältig behandelt wird. Mehl mit einem hohen Proteingehalt stärkt die Glutenstruktur des Teigs. Daher sollte also ein besonders eiweißhaltiges Weizenmehl beim Backen von Kashi-pan verwendet werden.

Brot tauchte in Japan im 16. Jahrhundert auf, hatte aber keine Chance, die Rolle von Reis zu übernehmen. Die Armee begann Mitte des 19. Jahrhunderts Brot zu verwenden, weil es praktischer mitzunehmen war, aber erst als in den 70er-Jahren des 19. Jahrhunderts Anpan erfunden wurde, wurden Weizenteige immer beliebter. Anpan ist ein Weizenbrötchen mit einer Füllung aus Adzukibohnenpaste. Es ist vom Wagashi-Gebäck Manju inspiriert. Als Topping werden oft Mohn, schwarzer Sesam oder Kirschblüten verwendet. Aus dem ursprünglichen Anpan haben sich viele Varianten entwickelt, wie Creampan, Melonpan und Choco Cornet.

3
4
1
2
5

ROHSTOFFE UND ZUTATEN

GESALZENE KIRSCHBLÜTE (1)
Gesalzene und eingelegte Kirschblüten, die zum Kochen oder Backen verwendet werden, um ein Frühlingsgefühl zu vermitteln. Gesalzene Kirschblüten kann man im Internet bestellen.

YUZU (2)
Yuzu ist eine japanische Zitrusfrucht mit blumigem Aroma, besonders in der Schale. Yuzu ist beim Kochen und Backen beliebt.

JAPANISCHER KÜRBIS (3)
Kürbisse sind beliebte Zutaten beim Backen, vor allem wegen ihrer herrlich mehligen Konsistenz. In Europa findet man im Herbst einen Kürbis mit dem Namen Kabocha oder Delica, der den japanischen Kürbissen ähnelt. Wählen Sie nicht die Sorten Hokkaido oder Uchiki Kuri, die zwar ebenfalls aus Japan stammen, aber mehr Wasser enthalten.

JAPANISCHE SÜSSKARTOFFEL (4)
Die japanischen Süßkartoffeln unterscheiden sich völlig von den orangefarbenen Süßkartoffeln, die normalerweise in europäischen Geschäften verkauft werden. Sie enthalten weniger Wasser und haben eine mehligere Konsistenz, die Schale ist rot und das Fruchtfleisch weiß bis gelb. Glücklicherweise erhält man inzwischen in einigen asiatischen Geschäften das ganze Jahr über eine ähnliche Sorte wie die japanische. Dort wird sie meist rote Süßkartoffel genannt.

GESALZENE KIRSCHBLÄTTER (5)
Das besondere Aroma von Kirschen findet sich tatsächlich mehr in den Blättern als in den Blüten. Die gesalzenen Blätter werden verwendet, um Sakura Mochi zu umhüllen sowie für Dango. Sie werden auch gehackt und mit Bohnenpaste gemischt, z. B. für Sakura Anpan.

KASTANIEN (6)
In Japan lieben wir Kastanien. Der Herbst ist Kastaniensaison, und die Schaufenster der Konditoreien sind mit verschiedenem Kastaniengebäck gefüllt. Das Foto zeigt die europäische Esskastanie (Castanea sativa) oben und unten die japanische Kastanie, die auch in China angebaut wird (Castanea crenata). Beide werden heutzutage auch nach Europa importiert.

6

KLEBREIS (1)
Wird auch als Glutinous Rice oder Sticky Rice verkauft. Achten Sie darauf, einen Reis mit rundem Korn zu wählen.

DOMYOJI-KO (2)
Ein spezielles grobes Reismehl vor allem für Sakura Mochi und Ohagi. Da es bereits gekocht und getrocknet ist, ist es schnell zubereitet.

KLEINE WEISSE BOHNEN (3)
In Japan wird Shiroan, weiße Bohnenpaste, mit verschiedenen Sorten weißer Bohnen gekocht. Hierzulande verwende ich kleine weiße Bohnen.

AGAR-AGAR (4)
Ein Geliermittel aus Rotalgen.

SHIRATAMA-KO (5)
Reismehl aus Klebreis. Der Reis wird eingeweicht, mehrmals gewaschen und zusammen mit Wasser gemahlen. Die Stärke wird in mehreren Schritten von Verunreinigungen befreit. Am Ende wird die restliche Stärke getrocknet und zerkleinert. Shiratama Dango aus diesem Mehl hat eine sehr glatte und geschmeidige Textur.

KASTANIENPASTE (6)
In Japan wird das Mont-Blanc-Gebäck sowohl aus französischer Kastanie als auch aus japanischer Kastanie hergestellt. Ich verwende Kastanienpaste (Pâte de marrons) der Firma Sabaton aus Frankreich. Deren Sortiment umfasst auch gesüßtes Kastanienpüree (Crème de marrons) und Kastanienpüree (Purée de marrons), die jedoch nicht zum Backen von Mont Blanc geeignet sind.

5

7

MATCHAPULVER (7)
Ein sehr fein gemahlenes Grünteepulver, das als schäumendes Getränk getrunken wird, indem es mit warmem Wasser aufgeschlagen wird. Matcha kam ursprünglich Ende des 12. Jahrhunderts mit einem japanischen buddhistischen Mönch aus China nach Japan. In den letzten 100 Jahren ist Matcha in Japan auch in Backwaren und Eiscreme beliebt geworden, und in jüngerer Zeit wurden Umami, Süße und Bitterkeit von Matcha auf der ganzen Welt populär gemacht.

ADZUKIBOHNEN (8)
Bohnenpaste, die auf Japanisch An oder Anko genannt wird, ist die wichtigste Komponente bei der Zubereitung von Wagashi-Gebäck. Adzukibohnen werden auch rote Bohnen genannt.

YUZUSAFT (9)
Yuzusaft im Beutel gibt es inzwischen häufiger in den Geschäften. In asiatischen Supermärkten findet man den Saft auch in Glasflaschen.

YUZUMARMELADE (10)
Man kann Yuzumarmelade normalerweise in Online-Shops finden. Ansonsten verkaufen einige asiatische Lebensmittelgeschäfte, einschließlich koreanischer, Yuzu-Tee, der auf die gleiche Weise beim Backen verwendet werden kann. Das Produkt wird oft als Zitronentee bezeichnet. Fragen Sie das Personal. Auf Koreanisch heißt Yuzu-Tee Yuja-cha.

KINAKO (11)
Japanisches geröstetes Sojamehl. Achten Sie darauf, dass es ein geröstetes Sojamehl ist, denn es gibt viele Sojamehle, die nicht geröstet sind und damit nicht den richtigen Geschmack haben.

KLEBREISMEHL (12)
Ich verwende Klebreismehl zum Backen von Wagashi. In den meisten asiatischen Lebensmittelgeschäften findet man Klebreismehl aus Thailand. Das kann Shiratama-ko ersetzen.

REISMEHL (13)
Wird in diesem Buch für Dango verwendet und kann in den meisten asiatischen Lebensmittelgeschäften gekauft werden.

9 11 12 13 8 10

AUSRÜSTUNG

SARASHI UND TENUGUI (1)
Sarashi ist ein traditioneller japanischer Baumwollstoff, der lang und dünn ist. Der Name Sarashi kommt vom Verb sarasu, was bedeutet, dass man Stoff draußen in Sonne, Regen, Wind und Schnee hängen lässt, um Verschmutzungen zu entfernen und den Stoff zu bleichen. Heutzutage wird der Stoff oft mit Chemikalien gebleicht, aber auch die traditionelle Methode ist erhalten geblieben. In der Küche wird er als Seihtuch verwendet, um Teig beim Wagashi-Backen zu kneten, um damit Lebensmittel statt mit Plastikfolie abzudecken und als Alternative für Kaffeefilter aus Papier. Anstelle von Sarashi kann man auch ein sauberes Küchentuch verwenden. Tenugui ist ebenfalls ein traditioneller japanischer Baumwollstoff, jedoch in kleinerem Format. Tenugui hat oft ein schönes traditionelles Design und ist ein beliebtes Touristensouvenir.

DAMPFGARER (2)
Ein Dampfgarer ist vielseitig einsetzbar und wird z.B. zum Dämpfen von Wagashi verwendet. Der Behälter wird auf einen Topf mit kochendem Wasser gestellt.

NUDELHOLZ (3)
In Japan verwenden wir in der Regel ein Nudelholz ohne Griffe. Es ist leichter als ein normales Nudelholz und eignet sich gut zum Aufrollen von Tarte-Teig oder zum Ausrollen von Kashi-pan-Teig.

BACKMATTE (4)
Anstelle von Backpapier nehme ich oft auch eine wiederverwendbare Backmatte. Das empfehle ich besonders für Kawaii Roll Cake und Castella, da damit die Oberfläche besonders schön wird.

KÜCHENTIMER (5)
Um sorgfältig zu backen, verwende ich einen Timer.

MODELLIERSTÄBE (6)
Für das Wagashi-Backen gibt es in Japan viele Spezialwerkzeuge, aber hier können Sie Modellierstäbe verwenden, die normalerweise für das Formen von Fondant oder Marzipan eingesetzt werden.

DACQUOISE-FORM (7)
Eine 1 cm dicke Form mit sechs ovalen Löchern. Der Teig wird in die Öffnungen gespritzt und überschüssiger Teig entfernt.

THERMOMETER (8)
Backen ist Chemie, und bei bestimmten Arbeitsschritten müssen Sie die genaue Temperatur von Eiern und Zuckersirup prüfen.

TEIGSPATEL (9)
Ich liebe den japanischen Teigspatel aus Silikon. Er verträgt Hitze gut und hat einen Metallstab im Inneren und damit genau die richtige Mischung aus Elastizität und Härte.

TEIGSCHABER (10)
Um Teig in kleinere Stücke zu teilen, den Teig gleichmäßig in einem Backblech zu verteilen oder zu passieren.

PINSEL (11)
Wird verwendet, um Sirup auf Shortcake oder Ei auf Kashi-pan zu pinseln.

TEESIEB (1)
Zum Sieben von Matchapulver, das leicht verklumpt oder zum Bestauben von Gebäck mit Puderzucker, Kakaopulver oder Matcha.

GERADE TORTENPALETTE (2)
Ist zur Dekoration vieler Backwaren erforderlich und praktisch, um z. B. fertige Kuchen auf eine Tortenplatte zu legen.

GEWINKELTE TORTENPALETTE (3)
Wird hauptsächlich verwendet, um Teig oder Sahne auf einer ebenen Oberfläche zu verteilen, z. B. auf Biskuitrollen.

SCHNEEBESEN (4)
Ich verwende auch den elektrischen Handmixer oder die Küchenmaschine, aber immer auch einen Schneebesen, um die Konsistenz von Teig oder Sahne genau steuern zu können. Wählen Sie einen Schneebesen mit einem strapazierfähigen Griff, der leicht zu handhaben ist und zur Größe Ihrer Schüssel passt.

KLEINER SCHNEEBESEN (5)
Ich verwende einen kleinen Schneebesen, um Matchapulver in Wasser aufzulösen, bevor ich es in den Teig gebe.

FORM FÜR CHIFFON CAKE (6)
Eine Chiffon Cake-Form sieht aus wie eine kleinere Rührkuchenform, hat aber einen losen Boden. Manchmal sind die Formen unter dem Namen Angel Food Cake-Form zu finden. Ich empfehle eine Form aus Aluminium, weil sie die Ofenhitze gut überträgt. Wählen Sie keine Form mit einer Antihaftbeschichtung oder aus Silikon, da der Kuchen kopfüber abkühlen muss und dann nicht aus der Form fallen sollte.

BRENNSTEMPEL (7)
Japanisches Gebäck, einschließlich Wagashi wie Manju, Dorayaki und Castella, hat oft einen Brennstempel auf der Oberfläche. Oft ist es ein Glückwunschgruß oder das Logo der Konditorei.

CASTELLA-MESSER (8)
Ein 30 cm langes Messer mit glatter Klinge. Es wird verwendet, um Castella schön zu schneiden, ist aber auch gut für Mousse-Torte oder Cheesecake geeignet, bei denen ich keine Klingenspuren auf den Querschnitten haben möchte. Alternativ kann ein Filetmesser oder Tranchiermesser verwendet werden.

BROTMESSER (9)
Ein 35 cm langes Messer mit Sägezähnen. Es ist länger als gewöhnliche Brotmesser. Ich verwende es, um Tortenböden in dünne Scheiben zu schneiden oder Torten in Portionsstücke zu teilen. Vergessen Sie nicht, das Messer vor jedem Schnitt abzuwaschen und zu erwärmen. Das ist besonders wichtig beim Schneiden von Gebäck mit Sahne für wirklich saubere Querschnitte. Neben den beiden Messern auf dem Bild verwende ich oft ein 13 cm langes Allzweckmesser, um Früchte oder kleine Zutaten zu schneiden.

MEHLSIEB (10)
Zum Sieben von Mehl und zum Passieren von Mont Blanc-Creme oder Bohnenpaste.

KÜCHENWAAGE (11)
Um beim japanischen Backen erfolgreich zu sein, braucht man eine Küchenwaage. Es ist wichtig, alle Zutaten im Voraus abzuwiegen.

TÜLLEN (12)
Ich verwende meist eine Sterntülle, eine runde Tülle und eine spezielle Tülle für Mont Blanc, die vier bis neun Löcher hat. Die Mont Blanc-Tülle findet man manchmal in Geschäften für Küchenutensilien oder ansonsten in Online-Shops.

AUSSTECHFORMEN (13)
Um schöne Dekorationen für Wagashi zu machen, verwende ich Ausstechformen aus Japan. Sie können auch durch Keksausstecher ersetzt werden.

CORNETFORMEN (14)
Kegelform aus Edelstahl für Choco Cornet. Sie können auch Ihre eigenen aus Papier herstellen, siehe Seite 146.

TEIGSCHABER (15)
Um Kashi-pan-Teig zu teilen, ist ein Schaber aus Metall besser als einer aus Kunststoff, da er durch die Schärfe den Teig weniger beschädigt. Gut sogar für klebrigen Daifuku-Teig.

洋菓子

YOGASHI

Shortcake

ショートケーキ

Shortcake ist ein klassisches Yogashi-Gebäck. Fast alle japanischen Konditoreien haben den Kuchen mit Sahne und Erdbeeren in der Kühltheke. Was ihn von einem normalen Erdbeerkuchen unterscheidet, ist, dass der Boden fluffiger ist und dass nur frische, geschnittene Erdbeeren verwendet werden. Auch wird die Torte anders montiert, um wirklich schöne Tortenstücke schneiden zu können.

Der Ursprung des japanischen Shortcakes ist umstritten, aber 1922 wurde er erstmals von der Bäckereikette Fujiya Co verkauft, und in den 1950er-Jahren, nachdem Kühlschränke in japanischen Haushalten schon weit verbreitet waren, wurde der Shortcake so richtig populär. Ein Shortcake kann auch mit anderen Früchten wie Melone oder Pfirsich zubereitet werden.

10–12 STÜCKE

Kuchenform, Ø 24 cm

TORTENBODEN

125 g Weizenmehl
25 g Kartoffelmehl
300 g Ei (6 Eier)
125 g Zucker
25 g Honig
25 g Butter
25 ml Vollmilch

ZUCKERSIRUP

50 ml Wasser
50 g Zucker
10 g Zitronensaft

MONTAGE

850 g Sahne 40 %, kühlschrankkalt
85 g Zucker
750 g Erdbeeren, in feine Scheiben geschnitten
6–12 ganze Erdbeeren

TORTENBODEN

1. Den Backofen auf 180 °C (Ober-/Unterhitze) vorheizen. Wasser für das Wasserbad in einem großen Topf erwärmen (auf etwa 60–80 °C). Backpapier zuschneiden und den Boden und die Seiten einer Backform auslegen. Weizenmehl und Kartoffelmehl in eine Schüssel sieben.
2. Eier und Zucker in eine andere Schüssel geben und über dem Wasserbad erwärmen. Rühren, bis die Masse 36–40 °C erreicht hat. Aus dem Wasserbad nehmen.
3. Honig, Butter und Milch in einer weiteren Schüssel über dem Wasserbad erwärmen, bis die Mischung geschmolzen ist.
4. Die Ei-Zucker-Mischung mit dem Handmixer auf hoher Stufe zu einem weißen, luftigen Schaum schlagen. Um zu testen, ob der Schaum die richtige Konsistenz hat, etwas davon aus der Schüssel nehmen und wieder in die Schüssel tropfen lassen. Legt sich der Schaum wie ein Band auf die Oberfläche, ist er bereit für den nächsten Schritt. Langsam 1 Minute von Hand schlagen, damit sich gleichmäßig große Luftbläschen bilden.

5. Die Mehlmischung in den Schaum sieben und mit einem Teigspatel zu einem glatten Teig verrühren, siehe Abschnitt Technik auf Seite 139. Wichtig ist, vorsichtig und schnell zu rühren, damit die Luftbläschen im Teig erhalten bleiben. Wenn zu lange gemischt wird, kann der Kuchen kompakt statt locker werden.
6. Die geschmolzene Mischung aus Honig, Butter und Milch verrühren. Etwas von der Eimasse hinzufügen (ungefähr die gleiche Menge wie die Honigmischung) und vermengen. Anschließend alles zurück in die Eiermasse geben und schnell zu einem glatten Teig verrühren.
7. Den Teig in die Form füllen und im unteren Teil des Ofens etwa 30 Minuten backen. Mit einem Zahnstocher in der Mitte prüfen, ob der Kuchen durchgebacken ist. Bleibt kein Teig am Zahnstocher haften, ist der Kuchen fertig.
8. Die Form mit dem Kuchen aus rund 20 cm Höhe auf die Arbeitsfläche fallen lassen. Dadurch verschwindet der in der Mitte des Kuchens angesammelte Wasserdampf, was ein Zusammenfallen des Kuchens verhindert. Den Kuchen aus der Form nehmen und auf einem Kuchengitter abkühlen lassen. Den noch warmen Kuchen in Frischhaltefolie einwickeln, damit er saftig bleibt. Vor dem Anschneiden vollständig abkühlen lassen.

ZUCKERSIRUP

9. Das Wasser in einem Topf aufkochen. Den Zucker hineinrühren und vollständig auflösen lassen (dieser Schritt lässt sich auch problemlos in der Mikrowelle durchführen). In eine Schüssel füllen und abkühlen lassen. Den Zitronensaft hinzufügen.

MONTAGE – SIEHE ABSCHNITT TECHNIK AUF SEITE 137

10. Sahne und Zucker mit dem Handmixer in einer großen Schüssel leicht schlagen. Wichtig ist, dass die Temperatur der Sahne beim Schlagen nie 10 °C übersteigt, sonst trennt sie sich und wird klumpig. Die geschlagene Sahne bis zum Dekorieren im Kühlschrank ruhen lassen. Vor dem Dekorieren erneut schlagen, bis die gewünschte Steife erreicht ist.
11. Den Kuchen in drei gleich große Tortenböden schneiden. Den unteren Tortenboden auf eine Tortenplatte, am besten einen Drehteller, legen und die Oberfläche mit Zuckersirup bestreichen. Anschließend mit einer Tortenpalette eine dünne Schicht steif geschlagener Sahne darauf verteilen. Die Schlagsahne mit einer Schicht fein geschnittener Erdbeeren bedecken. In der Mitte der Torte ein wenig Platz lassen, da sonst die Kanten der Tortenstücke beim Aufschneiden nicht schön werden. Sahne auf die Erdbeerscheiben streichen.
12. Den zweiten Tortenboden darauf legen und Schritt 11 wiederholen.
13. Den dritten Tortenboden auflegen. Mit Zuckersirup bestreichen und über die ganze Oberfläche Schlagsahne verteilen. Auch eine dünne Schicht an den Seiten. Die Torte anschließend 15–30 Minuten im Kühlschrank ruhen lassen. So bedeckt die Schlagsahne den Tortenboden vollständig und die Torte wird weniger krümelig. Die Tortenpalette reinigen.
14. Die gesamte Torte mit etwas mittelsteif geschlagener Sahne bestreichen. Die Tortenpalette mit schwungvollen Bewegungen hin und her bewegen, sodass die Schlagsahne gleichmäßig verteilt wird. Die Palette am Rand der Sahneschale abstreichen, um überschüssige Sahne zu entfernen. Darauf achten, dass keine Kuchenkrümel in die Sahne gelangen.

15. Die Tortenpalette ruhig über der Oberfläche der Torte halten und mit der anderen Hand die Kuchenplatte drehen, sodass die Sahne gleichmäßig verteilt wird. Sahne, die an den Seiten übertritt, bei diesem Schritt noch nicht entfernen.
16. Mehr Sahne mit der Tortenpalette aufnehmen und die Seiten grob damit bestreichen. Die überschüssige Sahne an der Tortenpalette am Rand der Schüssel abstreichen.
17. Die Tortenpalette senkrecht an den Tortenrand halten und gleichzeitig mit der anderen Hand die Tortenplatte drehen, sodass die Sahne auch an den Seiten gleichmäßig aufgetragen wird. Die Tortenpalette reinigen und überschüssige Sahne am Rand damit entfernen.
18. Einen Spritzbeutel mit Sterntülle mit mittelsteif geschlagener Sahne füllen. 10–12 Sahnespitzen in regelmäßigen Abständen auf die Torte spritzen und mit Erdbeeren garnieren. Möglichst am selben Tag servieren, sie hält sich aber 2 Tage im Kühlschrank.

Shortcake mit Schokolade

チョコショート

Bei dieser Schoko-Variante vom Shortcake enthält die Sahne dunkle Schokolade und der Biskuitkuchen Kakao. Da Schokolade viel Fett enthält, zerstört sie leicht die Luftbläschen im Eierschaum, was es schwieriger macht, diesen Shortcake-Boden wirklich locker zu bekommen. Daher schlage ich zuerst das Eiweiß zu einer steifen Baisermasse und füge dann Eigelb, Mehl und die anderen Zutaten hinzu.

Schokoladensahne braucht lange, um vor dem Schlagen gut abzukühlen, also bereiten Sie sie einen Tag im Voraus zu.

10–12 STÜCKE

Kuchenform, Ø 24 cm
evtl. Eiswasser für ein Eiswasserbad

SCHOKOLADENSAHNE

200 g dunkle Schokolade
800 g Sahne, 40 %

SCHOKOLADENTORTENBODEN

50 g Butter
75 ml Vollmilch
35 g Kakaopulver
110 g Weizenmehl
25 g Kartoffelmehl
200 g Eiweiß (6–7 Eier), kühlschrankkalt
200 g Zucker
100 g Eigelb (6–7 Eier)

ZUCKERSIRUP

50 g Zucker
50 ml Wasser
10 ml Zitronensaft

MONTAGE

750 g Erdbeeren, in feine Scheiben geschnitten
6–12 ganze Erdbeeren

SCHOKOLADENSAHNE

1. Die Schokolade in kleine Stücke hacken. In eine Schüssel geben und über einem Wasserbad schmelzen.
2. Die Hälfte der Sahne in einem Topf erwärmen und die geschmolzene Schokolade hinzufügen.
3. Langsam mit einem Teigspatel verrühren, bis die Schokolade ganz geschmolzen und die Mischung glatt ist.
4. Die restliche Sahne unter ständigem Rühren nach und nach hinzugeben. Alles durch ein feines Sieb streichen. Die Schokoladensahne abkühlen lassen (am besten in einem Eiswasserbad) und in den Kühlschrank stellen. Die Sahne sollte eine Temperatur von 5–8 °C erreichen.

SCHOKOLADENTORTENBODEN

5. Boden und Seiten einer Backform mit Backpapier auslegen. Den Backofen auf 180 °C (Ober-/Unterhitze) vorheizen.
6. Die Butter in der Milch in einer Schüssel über dem Wasserbad schmelzen. Das Kakaopulver hineinsieben und unterrühren.
7. Die Mehle in eine andere Schüssel sieben.

8. Beim Schlagen einer Baisermasse ist es wichtig, zuerst die Schüssel gründlich zu waschen. Es dürfen keine Fettrückstände zurückbleiben. Das Eiweiß mit dem Handmixer auf hoher Stufe zu einem weißen Schaum schlagen, dann ⅓ des Zuckers hinzugeben. Weiter schlagen, bis der Zucker vollständig eingearbeitet ist. Anschließend noch ⅓ des Zuckers hinzufügen und weiter schlagen. Dann den restlichen Zucker hinzufügen und schlagen, bis ein steifer, glänzender Schaum entsteht.
9. Das Eigelb in die Baisermasse geben und leicht verrühren. Nicht zu stark, sonst fallen die Luftblasen in sich zusammen. Es macht nichts, wenn ein paar Streifen vom Eigelb im Teig zu sehen sind.
10. Die Mehlmischung in die Masse sieben und mit einem Teigspatel vorsichtig, aber schnell zu einem glatten Teig verrühren.
11. Eine Kelle voll Teig in die Butter-Milch-Mischung geben und gut vermengen. Anschließen die Butter-Milch-Mischung in den Teig geben und schnell verrühren.
12. Den Teig in die Form füllen und im unteren Teil des Ofens 30–35 Minuten backen. Mit einem Zahnstocher den Gartest in der Mitte des Kuchens durchführen.
13. Die Form mit dem Kuchen aus rund 20 cm Höhe auf die Arbeitsfläche fallen lassen. Dadurch verschwindet der in der Mitte des Kuchens angesammelte Wasserdampf, was ein Zusammenfallen des Kuchens verhindert. Den Kuchen aus der Form nehmen und auf einem Kuchengitter abkühlen lassen. Den noch warmen Kuchen in Frischhaltefolie einwickeln, damit er saftig bleibt. Vor dem Anschneiden vollständig abkühlen lassen.

ZUCKERSIRUP

14. Das Wasser in einem Topf aufkochen. Den Zucker hineinrühren und vollständig auflösen lassen (dieser Schritt lässt sich auch problemlos in der Mikrowelle durchführen). In eine Schüssel füllen und abkühlen lassen. Den Zitronensaft hinzufügen.

MONTAGE – SIEHE ABSCHNITT TECHNIK AUF SEITE 137

15. Die Schokoladensahne mit dem Handmixer in einer großen Schüssel leicht schlagen. Wichtig ist, dass die Temperatur der Sahne beim Schlagen nie 10 °C übersteigt, sonst trennt sie sich und wird klumpig. Außerdem darf die Sahne nicht zu lange geschlagen werden, da sie leichter zu Butter wird als Sahne ohne Schokolade. Die leicht geschlagene Sahne bis zum Dekorieren im Kühlschrank ruhen lassen. Vor dem Dekorieren erneut schlagen, bis die gewünschte Steife erreicht ist.
16. Den Kuchen in drei gleich große Tortenböden schneiden. Den unteren Tortenboden auf eine Tortenplatte, am besten einen Drehteller, legen und die Oberfläche mit Zuckersirup bestreichen. Anschließend mit einer Tortenpalette eine dünne Schicht steif geschlagener Sahne darauf verteilen. Die Schlagsahne mit einer Schicht fein geschnittener Erdbeeren bedecken. In der Mitte der Torte ein wenig Platz lassen, da sonst die Kanten der Tortenstücke beim Aufschneiden nicht schön werden. Sahne auf die Erdbeerscheiben streichen.
17. Den zweiten Tortenboden darauf legen und Schritt 16 wiederholen.
18. Den dritten Tortenboden auflegen. Mit Zuckersirup bestreichen und über die ganze Oberfläche Schlagsahne verteilen. Auch eine dünne Schicht an den Seiten. Die Torte anschließend 15–30 Minuten im Kühlschrank ruhen lassen. So bedeckt die Schlagsahne den Tortenboden vollständig und die Torte wird weniger krümelig. Die Tortenpalette reinigen.

19. Die gesamte Torte mit etwas mittelsteif geschlagener Sahne bestreichen. Die Tortenpalette mit schwungvollen Bewegungen hin und her bewegen, sodass die Schlagsahne gleichmäßig verteilt wird. Die Palette am Rand der Sahneschale abstreichen, um überschüssige Sahne zu entfernen. Darauf achten, dass keine Kuchenkrümel in die Sahne gelangen.
20. Die Tortenpalette ruhig über der Oberfläche der Torte halten und mit der anderen Hand die Kuchenplatte drehen, sodass die Sahne gleichmäßig verteilt wird. Sahne, die an den Seiten übertritt, bei diesem Schritt noch nicht entfernen.
21. Mehr Sahne mit der Tortenpalette aufnehmen und die Seiten grob damit bestreichen. Die überflüssige Sahne an der Tortenpalette an der Kante der Schüssel abstreichen.
22. Die Tortenpalette senkrecht an den Tortenrand halten und gleichzeitig mit der anderen Hand die Tortenplatte drehen, sodass die Sahne auch an den Seiten gleichmäßig aufgetragen wird. Die Tortenpalette reinigen und überschüssige Sahne am Rand damit entfernen.
23. Einen Spritzbeutel mit Sterntülle mit mittelsteif geschlagener Sahne füllen. 10–12 Sahnespitzen in regelmäßigen Abständen auf die Torte spritzen und mit den Erdbeeren garnieren. Möglichst am selben Tag servieren, sie hält sich aber 2 Tage im Kühlschrank.

Japanese Cotton Cheesecake

チーズスフレ

Das ist ein super luftiger und zarter Cheesecake nach japanischer Art, dort wird er auch Cheese Soufflé genannt, weil er eine Baisermasse enthält. Im Ofen wird er im Wasserbad gebacken.Heutzutage ist er auf der ganzen Welt beliebt. Der Kuchen ist sehr leicht und schmilzt auf der Zunge. Er soll so sein, als würde man eine Wolke essen!

10–12 STÜCKE

Springform, Ø 24 cm

FÜR DIE FORM

geschmolzene Butter
Puderzucker

TEIG

300 g Frischkäse
300 g Sahne, 35–40 %
120 g Eigelb (7 Eier)
75 g Kartoffelmehl
30 g Zitronensaft

BAISERMASSE

180 g Eiweiß (5–6 Eier), kühlschrankkalt
140 g Zucker

1. Den Backofen auf 180 °C (Ober-/Unterhitze) vorheizen. Wasser für das Wasserbad aufkochen.
2. Um zu verhindern, dass Wasser aus dem Wasserbad in die Form läuft, die Springform in Alufolie einwickeln, Anleitung auf Seite 145. Das Papier an den Seiten sollte etwa 3 cm höher sein als die Form, da der Kuchen beim Backen aufgeht. Das Backpapier an den Rändern gründlich mit geschmolzener Butter bestreichen und anschließend Puderzucker darüber sieben, dadurch kleben die Kuchenränder nicht fest und es entsteht eine schöne Oberfläche ohne Risse.

TEIG

3. Frischkäse und Sahne in einen Topf geben und unter Rühren auf 60 °C erhitzen, sodass der Frischkäse schmilzt.
4. Die Mischung in eine Schüssel füllen und das Eigelb hineingeben.
5. Das Kartoffelmehl hinzugeben und alles zu einem glatten Teig verrühren. Den Zitronensaft hineingießen und umrühren. Alles durch ein feines Sieb passieren.

BAISERMASSE

6. Wichtig ist, dass das Eiweiß (es darf keine Spuren von Eigelb enthalten) kühlschrankkalt ist und Schüssel und Schneebesen gut gereinigt sind. Das Eiweiß mit hoher Geschwindigkeit zu Schaum schlagen. Den Zucker in drei Portionen hinzugeben – die erste, wenn das Eiweiß einen deutlichen Schaum gebildet hat. Nach jedem Mal gut schlagen und wenn der gesamte Zucker hinzugefügt wurde, weiter mit hoher Geschwindigkeit schlagen, bis eine dicke, steife Baisermasse entstanden ist.
7. ⅓ der Frischkäsemasse in die Baisermasse geben und schnell und gründlich verrühren. Dasselbe noch zweimal durchführen. Es ist wichtig, den Teig jetzt nicht zu überarbeiten, damit die Luftblasen, die den Teig locker machen, erhalten bleiben. Allerdings sollten keine Klümpchen im Teig bleiben, denn dann wird der Kuchen nicht schön.
8. Ein Backblech auf die untere Schiene des Backofens schieben, damit die Unterhitze nicht zu stark wird und der Kuchen reißt. Den Teig in die Form füllen und diese in eine mit erhitztem Wasser gefüllte Fettpfanne stellen. Die Form mit dem Wasserbad in die Mitte des Ofens stellen und die Temperatur auf 160 °C reduzieren, 20 Minuten backen. Anschließend die Temperatur auf 140 °C senken und weitere 40 Minuten backen. Ab und zu die Ofentür öffnen, um Wasserdampf abzulassen, etwa alle zehn Minuten oder wenn der Kuchen so aussieht als würde er zu schnell aufgehen und die Oberfläche reißen könnte. Die Temperatur auf 130 °C senken und weitere 20 Minuten backen. Den Backofen ausschalten, aber den Kuchen weitere 20 Minuten im Backofen lassen, damit er langsam abkühlt.
9. Die Form aus dem Backofen nehmen. Die Springform und das Backpapier am Rand sofort entfernen, damit der Kuchen möglichst glatt wird. Auf einem Kuchengitter auskühlen lassen. Am leckersten und luftigsten ist der Kuchen, wenn er noch warm ist. Der Kuchen sinkt mit der Zeit etwas ein, das ist völlig normal. In Frischhaltefolie einwickeln und bis zum Servieren bei Zimmertemperatur ruhen lassen, wenn er noch am selben Tag gegessen werden soll. Ansonsten im Kühlschrank aufbewahren, wo er sich 2–3 Tage hält.

Chiffon Cake

シフォンケーキ

Chiffon Cake ist eine Art Rührkuchen – sehr weich, luftig und saftig. Er wird Chiffon genannt, weil die Textur so leicht ist wie ein Seidenstoff. Der Kuchen wurde in den 1920er-Jahren an der Westküste der Vereinigten Staaten erfunden. Das Rezept kam in den 1970er-Jahren nach Japan, wurde weiterentwickelt und verbreitete sich dann im ganzen Land. Heute ist der Chiffon Cake in Japan eher ein Klassiker als in den Vereinigten Staaten.

Eine Chiffon Cake-Kuchenform sieht aus wie eine kleinere Rührkuchenform, hat aber einen losen Boden, siehe Seite 20. Manchmal sind die Formen unter dem Namen Angel Food Cake-Form zu finden. Ich empfehle eine Form aus Aluminium, weil sie die Ofenhitze gut überträgt. Wählen Sie keine Form mit einer Antihaftbeschichtung oder aus Silikon, da der Kuchen kopfüber abkühlen muss und dann nicht aus der Form fallen sollte. Dass der Kuchen kopfüber auskühlt, ist wichtig für die richtige Konsistenz. Um einen perfekten Chiffon Cake zu backen, muss die Baisermasse gerade genug geschlagen und dann vorsichtig, aber schnell mit dem Teig vermischt werden, ohne dass die Luftblasen im Teig verschwinden.

Die Milch kann gegen Wasser ausgetauscht werden, wenn der Kuchen milchfrei sein soll. Wenn Sie eine Chiffon Cake-Kuchenform mit einem Durchmesser von 20 cm verwenden (ergibt 10–12 Stücke), verdoppeln Sie die Zutaten und backen den Kuchen 10 Minuten länger.

5–6 STÜCKE

Chiffon Cake-Form, Ø 17 cm

EIMASSE

50 g Eigelb (3 Eier)
30 g Zucker
35 ml Rapsöl
50 ml Vollmilch
55 g Weizenmehl
15 g Kartoffelmehl

BAISERMASSE

120 g Eiweiß (4 Eier), kühlschrankkalt
40 g Zucker

EIMASSE

1. Den Backofen auf 175 °C (Ober-/Unterhitze) vorheizen.
2. Eigelb und Zucker in eine Schüssel geben. Von Hand schlagen, bis sich der Zucker auflöst.
3. Das Rapsöl hineinrühren. Die Milch hinzugeben und verrühren.
4. Die Mehle in einer Schüssel vermengen und in die Eimasse sieben. Zu einem glatten, glänzenden Teig verrühren.

BAISERMASSE

5. Wichtig ist, dass das Eiweiß (es darf keine Spuren von Eigelb enthalten) kühlschrankkalt ist und Schüssel und Schneebesen gut gereinigt sind. Das Eiweiß mit hoher

Geschwindigkeit zu Schaum schlagen. Den Zucker in drei Portionen hinzugeben – die erste, wenn das Eiweiß einen deutlichen Schaum gebildet hat. Nach jedem Mal gut schlagen und wenn der gesamte Zucker hinzugefügt wurde, weiter mit hoher Geschwindigkeit schlagen, bis ein fester, glänzender Schaum entstanden ist. Allerdings nicht zu lange, sonst wird die Baisermasse zu fest und kann im nächsten Schritt verklumpen.

6. Siehe Abschnitt Technik auf Seite 139: Ein wenig Baisermasse in die Eimischung geben und von Hand verrühren, bis sie sich aufgelöst hat. Die Hälfte der Baisermasse in die Eiermasse geben und mit einem Teigspatel vorsichtig und schnell unterrühren. Den Rest der Baisermasse hinzufügen und ebenso vorsichtig und schnell zu einem glatten Teig vermengen.
7. Den Teig in eine Form füllen und im unterem Teil des Ofens 35 Minuten backen.
8. Der Kuchen muss auf dem Kopf stehend auskühlen. Am einfachsten ist es, die Form auf eine Flasche zu stellen, indem man das Loch der Form über den Flaschenhals stülpt, siehe Seite 141. Vollständig auskühlen lassen.
9. Der Kuchen wird an den Rändern der Form haften bleiben. Zum Lösen den Abbildungen auf Seite 141 folgen.
10. Mit leicht geschlagener Sahne und einer beliebigen Sauce oder Früchten servieren. Der Kuchen kann in Frischhaltefolie eingewickelt 3–4 Tage im Kühlschrank aufbewahrt werden. Er nimmt leicht den Geschmack anderer Lebensmittel an. Daher sollten starke Gerüche im Kühlschrank vermieden werden.

MATCHA CHIFFON CAKE

Chiffon Cake ist super lecker, Matcha ist wunderbar – also ist natürlich auch die Kombination fantastisch. Bei der Verwendung von Matchapulver bilden sich beim Vermischen leicht Klumpen. Daher empfehle ich, es zu sieben und mit etwas Wasser zu einer Matchapaste zu mischen. Dafür kann ein Matcha-Besen aus Bambus oder ein kleiner Schneebesen verwendet werden.

Matcha Chiffon Cake passt am besten zu Adzukibohnenpaste (siehe Seite 127) und Kuri Kanroni (siehe Seite 130). Und natürlich Schlagsahne. Bei einer Chiffon Cake-Kuchenform mit einem Durchmesser von 20 cm (ergibt 10–12 Stücke), verdoppeln Sie die Zutaten und backen den Kuchen 10 Minuten länger.

5–6 STÜCKE

Chiffon Cake-Form, Ø 17 cm

EIMASSE

10 g Matchapulver
60 ml Wasser
50 g Eigelb (3 Eier)
30 g Zucker
35 ml Rapsöl
50 g Weizenmehl
15 g Kartoffelmehl

BAISERMASSE

120 g Eiweiß (4 Eier), kühlschrankkalt
40 g Zucker

EIMASSE

1. Den Backofen auf 175 °C (Ober-/Unterhitze) vorheizen.
2. Das Matchapulver durch ein Teesieb in eine Schüssel sieben. Das Wasser nach und nach unter ständigem Rühren hinzufügen. Rühren, bis die Flüssigkeit klumpenfrei ist.

3. Das Eigelb in eine Schüssel geben und den Zucker hinzufügen. Schlagen, bis sich der Zucker auflöst.
4. Das Rapsöl unterrühren. Das Matcha-Wasser dazugeben und umrühren.
5. Weizenmehl und Kartoffelmehl in einer Schüssel vermischen und in die Eimasse geben. Mit einem Schneebesen zu einem glatten, glänzenden Teig verrühren.

BAISERMASSE

6. Wichtig ist, dass das Eiweiß (es darf keine Spuren von Eigelb enthalten) kühlschrankkalt ist und Schüssel und Schneebesen gut gereinigt sind. Das Eiweiß mit hoher Geschwindigkeit zu Schaum schlagen. Den Zucker in drei Teilen hinzugeben, den ersten, wenn das Eiweiß einen deutlichen Schaum gebildet hat. Nach jedem Mal gut schlagen und wenn der gesamte Zucker hinzugefügt wurde, weiter mit hoher Geschwindigkeit schlagen, bis ein fester, glänzender Schaum entstanden ist. Allerdings nicht zu lange, sonst wird die Baisermasse zu fest und kann im nächsten Schritt verklumpen.
7. Siehe Abschnitt Technik auf Seite 139: Ein wenig Baisermasse in die Eimischung geben und von Hand verrühren, bis sie sich aufgelöst hat. Die Hälfte der Baisermasse in die Eiermasse geben und mit einem Teigspatel vorsichtig und schnell unterrühren. Den Rest der Baisermasse hinzufügen und ebenso vorsichtig und schnell zu einem glatten Teig vermengen.
8. Den Teig in eine Form füllen und im unteren Teil des Ofens 35 Minuten backen.
9. Der Kuchen muss auf dem Kopf stehend auskühlen. Am einfachsten ist es, die Form auf eine Flasche zu stellen, indem man das Loch der Form über den Flaschenhals stülpt.
10. Der Kuchen wird an den Rändern der Form haften bleiben. Zum Lösen den Abbildungen auf Seite 141 folgen.
11. Der Kuchen schmeckt frisch am besten, kann aber in Frischhaltefolie eingewickelt 3–4 Tage im Kühlschrank aufbewahrt werden. Er nimmt leicht den Geschmack anderer Lebensmittel an. Daher sollten starke Gerüche im Kühlschrank vermieden werden.

EARL GREY CHIFFON CAKE

Probieren Sie auch mal, einen mit Earl Grey Tee aromatisierten Chiffon Cake zu backen. Das ist eine beliebte Variation des Kuchens in Japan. Verwenden Sie Tee aus einem Teebeutel, keinen losen Tee, denn der Tee im Beutel ist normalerweise ein so feines Pulver, dass Sie ihn so wie er ist im Kuchenteig verwenden können. Wenn Sie eine Chiffon Cake-Kuchenform mit einem Durchmesser von 20 cm verwenden (ergibt 10–12 Stücke), verdoppeln Sie die Zutaten und backen den Kuchen 10 Minuten länger.

5–6 STÜCKE

Chiffon Cake-Form, Ø 17 cm
1 Portion Eimasse und Baisermasse nach dem Chiffon Cake-Rezept auf Seite 35
2 Earl Grey-Teebeutel

1. Einen Chiffon Cake nach dem Rezept auf Seite 35 zubereiten, aber zunächst die Milch aufkochen, die Teebeutel öffnen und das Teepulver in die Milch geben. Die Milch vom Herd nehmen und etwa 10 Minuten mit Deckel stehen lassen. Die Milch in Schritt 3 hinzufügen.

ROLL CAKE, 42

MATCHA ROLL CAKE, 44

Roll Cake
ロールケーキ

Biskuitrolle ist in Japan sehr beliebt. Sie ist prima zu transportieren, lässt sich leicht nach der Anzahl der Personen aufteilen und fast garantiert haben alle Freude daran. Ich denke, sie symbolisiert in der japanischen Kultur Fürsorge, dass man gerne etwas Gutes mitbringt, wenn man einen Bekannten besucht.

In Japan wurde die Biskuitrolle beliebt, als ein Brothersteller, Yamazaki Baking Co, begann, sie unter dem Namen Swiss Roll zu verkaufen. Seitdem wurde sie noch mehr an die japanischen Vorlieben angepasst. Früher wurde für die Biskuitrolle Buttercreme verwendet, während sie heute in der Regel mit Schlagsahne gefüllt ist. Heutzutage wird sie auch meist als Roll Cake bezeichnet. Es gibt spezialisierte Konditoreien und Läden, deren Hauptartikel die Biskuitrolle ist.

Die Biskuitrolle gibt es in vielen Varianten, aber die klassische Sorte mit luftigem, saftigem Boden mit viel Sahne ist immer noch sehr beliebt. Idealerweise soll der Querschnitt eines Roll Cake die Form des japanischen Schriftzeichens の haben. Man rollt ihn also nicht so eng wie die uns bekannte Biskuitrolle und die Sahneschicht ist dicker.

2 BISKUITROLLEN À 18 CM ODER 1 À 36 CM

Fettpfanne oder Backblech

EIMASSE

95 g Weizenmehl
25 g Kartoffelmehl
130 g Eigelb (8 Eier)
50 g Zucker
60 ml Rapsöl
85 ml Vollmilch

BAISERMASSE

270 g Eiweiß (8 Eier), kühlschrankkalt
100 g Zucker

SAHNE

Eis für ein Eiswasserbad
600 g Sahne, 40 %
120 ml Kondensmilch

EIMASSE

1. Den Backofen auf 175 °C (Ober-/Unterhitze) vorheizen. Eine Fettpfanne mit Backpapier auslegen.
2. Weizenmehl und Kartoffelmehl in eine Schüssel sieben.
3. Eigelb und Zucker in einer Schüssel von Hand verquirlen, bis sich der Zucker auflöst. Rapsöl und Milch nacheinander hinzugeben und unterrühren.
4. Die Mehlmischung in die Schüssel sieben und schlagen, bis ein glatter und glänzender Teig entsteht.

BAISERMASSE

5. Wichtig ist, dass das Eiweiß (es darf keine Spuren von Eigelb enthalten) kühlschrankkalt ist und Schüssel und Schneebesen gut gereinigt sind. Das Eiweiß mit hoher Geschwindigkeit zu Schaum schlagen. Den Zucker in

drei Teilen hinzugeben, den ersten, wenn das Eiweiß einen deutlichen Schaum gebildet hat. Nach jedem Mal gut schlagen, und wenn der gesamte Zucker hinzugefügt wurde, weiter mit hoher Geschwindigkeit schlagen, bis ein fester, glänzender Schaum entstanden ist.

6. Siehe Seite 139 für die Technik: Ein wenig Baisermasse in die Eimischung geben und von Hand verrühren, bis alles vermischt ist. Nun die Hälfte der verbliebenen Baisermasse in die Eimasse geben und mit einem Teigspatel vorsichtig und schnell unterheben. Den Rest der Baisermasse hinzufügen und ebenso vorsichtig und schnell zu einem glatten Teig rühren.
7. Den Teig in die Fettpfanne füllen und mit einer Tortenpalette glatt streichen. In der Mitte des Ofens 15–20 Minuten backen, bis die Oberfläche des Kuchens etwas Farbe bekommen hat. Mit einem Zahnstocher den Gartest in der Mitte des Kuchens durchführen.
8. Den Kuchen aus dem Backofen nehmen. Backpapier auf die Fettpfanne legen und darauf ein Kuchengitter. Alles umdrehen, sodass der Kuchen umgekehrt zu liegen kommt. Die Fettpfanne abheben und das Backpapier vorsichtig entfernen. Nimmt man das Papier nicht ab, solange der Kuchen noch warm ist, bekommt er keine schöne Oberfläche. Anschließend das Backpapier wieder auf den Kuchen legen. Den Kuchen vor dem nächsten Schritt vollständig abkühlen lassen, da ansonsten die Sahne durch die Wärme schmilzt.

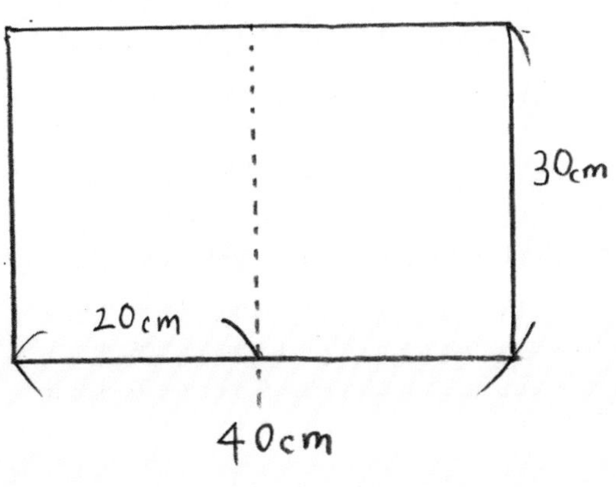

SAHNE UND MONTAGE – SIEHE ABSCHNITT TECHNIK AUF SEITE 140

9. Das Backpapier, das nun oben auf dem Kuchen liegt, entfernen. Da es einfacher ist, zwei kurze Rollen zu formen als eine lange, empfehle ich, den Kuchen jetzt zu halbieren, sodass zwei Stücke mit einer Breite von 20 cm entstehen, siehe Abbildung.
10. Die Kuchen vorsichtig auf je ein Backpapier legen. Um die Biskuitrolle leichter zu rollen und ihr eine schönere Form zu geben, auf der Seite, an der mit dem Rollen begonnen werden soll, 5 flache Linien in Abständen von 2 cm einritzen. Jedoch darauf achten, den Kuchen nicht ganz durchzuschneiden. Die gegenüberliegende Kante, an der die Rolle enden wird, abschrägen.
11. Die Sahne zusammen mit der Kondensmilch über einem Eiswasserbad mit dem Handmixer auf hoher Stufe zu einer festen Masse schlagen. Die Hälfte der Sahne auf einen der Kuchen streichen. Mit einer Tortenpalette die Sahne gleichmäßig auf dem Kuchen und den Seiten verstreichen. Die abgeschrägte Seite auslassen. Mit dem anderen Kuchen wiederholen.
12. Die Kuchen mithilfe des Papiers aufrollen. Am Anfang fester rollen. Am Ende kann das Papier mit einer Holzleiste oder Ähnlichem gestrafft werden. Die Biskuitrollen mit der Naht nach unten auf ein Tablett und in den Kühlschrank legen, das Backpapier drauflassen. 1 Stunde ruhen lassen, dann die Enden mit einem warmen Messer gerade abschneiden.
13. Den Kuchen beim Servieren mit einem warmen Messer anschneiden, damit sich schöne Schnittflächen ergeben. Vor jedem Schnitt die Sahne auf dem Messer entfernen. Die Biskuitrolle schmeckt am besten am selben Tag, kann aber in Frischhaltefolie eingewickelt 2–3 Tage im Kühlschrank aufbewahrt werden.

MATCHA ROLL CAKE

Für die Füllung dieser Biskuitrolle kombiniere ich weiße Schokolade, Muscovadozucker und Sahne zu einer Creme – Aromen, die sehr gut zu Matcha passen. Die Schokoladencreme muss beim Schlagen kalt sein, sonst kann sie gerinnen. Daher die Sahne am besten am Vortag zubereiten oder ein Eiswasserbad verwenden, wenn es schnell gehen muss.

2 BISKUITROLLEN À 18 CM ODER 1 À 36 CM

Fettpfanne oder Backblech

WEISSE SCHOKOLADENCREME

50 g weiße Schokolade, gehackt
80 g dunkler Muscovadozucker
200 g + 400 g (600 g) Sahne, 40 %

EIMASSE

15 g Matchapulver
85 ml Vollmilch
90 g Weizenmehl
25 g Kartoffelmehl
130 g Eigelb (8 Eier)
50 g Zucker
60 ml Rapsöl

BAISERMASSE

270 g Eiweiß (8 Eier), kühlschrankkalt
100 g Zucker

WEISSE SCHOKOLADENCREME

1. Die weiße Schokolade über einem Wasserbad schmelzen.
2. Den Muscovadozucker zusammen mit 200 g Sahne aufkochen und gut verrühren.
3. Die Zucker-Sahne-Mischung unter ständigem Rühren nach und nach in die Schokolade gießen.
4. Unter Rühren 400 g Sahne zugießen. Die Masse durch ein feines Sieb passieren und abkühlen lassen. In den Kühlschrank stellen, die Sahne sollte beim Schlagen möglichst nicht wärmer als 5 °C sein.

EIMASSE

5. Den Backofen auf 175 °C (Ober-/Unterhitze) vorheizen. Eine Fettpfanne mit Backpapier auslegen.
6. Das Matchapulver durch ein Teesieb in eine Schüssel sieben. Die Milch nach und nach unter Rühren zugeben, um Klumpen zu vermeiden.
7. Weizenmehl und Kartoffelmehl vermengen und die Mischung in eine Schüssel sieben.
8. Eigelb und Zucker in einer Schüssel verquirlen, bis sich der Zucker auflöst. Das Rapsöl einrühren und dann die Matcha-Milch hinzugeben.
9. Die Mehlmischung in die Schüssel sieben und schlagen, bis ein glatter, glänzender Teig entsteht.

BAISERMASSE

10. Beim Schlagen einer Baisermasse ist es wichtig, zuerst die Schüssel gründlich zu waschen. Es dürfen keine Fettrückstände zurückbleiben. Das Eiweiß mit dem Handmixer auf hoher Stufe zu einem weißen Schaum schlagen, dann ⅓ des Zuckers hinzugeben. Weiter schlagen, bis der Zucker vollständig eingearbeitet ist. Anschließend noch ⅓ des Zuckers hinzufügen und weiter schlagen. Dann den restlichen Zucker hinzufügen und schlagen, bis ein steifer, glänzender Schaum entsteht. Allerdings nicht zu lange, sonst wird die Baisermasse zu fest und kann im nächsten Schritt verklumpen. Wird die Masse zu kurz geschlagen, fällt sie in sich zusammen, wenn sie mit dem Teig vermischt wird.

11. Siehe Seite 139 für die Technik: Ein wenig Baisermasse in die Eimischung geben und von Hand verrühren, bis alles vermischt ist. Nun die Hälfte der verbliebenen Baisermasse in die Eimasse geben und mit einem Teigspatel vorsichtig und schnell unterheben. Den Rest der Baisermasse hinzufügen und ebenso vorsichtig und schnell zu einem glatten Teig rühren.
12. Den Teig in die Fettpfanne füllen und mit einer Tortenpalette glatt streichen. In der Mitte des Ofens 15–18 Minuten backen, bis die Oberfläche des Kuchens etwas Farbe bekommen hat. Mit einem Zahnstocher in die Mitte des Kuchens stechen, um zu testen, ob er durchgebacken ist. Ist er beim Herausziehen sauber, dann ist der Kuchen fertig.
13. Den Kuchen aus dem Backofen nehmen. Backpapier auf die Fettpfanne legen und darauf ein Kuchengitter. Alles umdrehen, sodass der Kuchen umgekehrt zu liegen kommt. Die Fettpfanne abheben und das Backpapier vorsichtig entfernen. Nimmt man das Papier nicht ab, solange der Kuchen noch warm ist, bekommt er keine schöne Oberfläche. Anschließend das Backpapier wieder auf den Kuchen legen. Den Kuchen vor dem nächsten Schritt vollständig abkühlen lassen, da ansonsten die Sahne durch die Wärme schmilzt.

MONTAGE – SIEHE ABSCHNITT TECHNIK AUF SEITE 140

14. Das Backpapier, das nun oben auf dem Kuchen liegt, entfernen. Da es einfacher ist, zwei kurze Rollen zu formen als eine lange, empfehle ich, den Kuchen jetzt zu halbieren, sodass zwei Stücke mit einer Breite von 20 cm entstehen, siehe Abbildung Seite 43.
15. Die Kuchen vorsichtig auf je ein Backpapier legen. Um die Biskuitrolle leichter zu rollen und ihr eine schönere Form zu geben, auf der Seite, an der mit dem Rollen begonnen werden soll, 5 flache Linien in Abständen von 2 cm einritzen. Jedoch darauf achten, den Kuchen nicht ganz durchzuschneiden. Die gegenüberliegende Kante, an der die Rolle enden wird, abschrägen.
16. Die Sahne zu einer festen Konsistenz schlagen. Die Hälfte der Sahne auf einen der Kuchen streichen. Mit einer Tortenpalette die Sahne gleichmäßig auf dem Kuchen und den Seiten verstreichen. Die abgeschrägte Seite auslassen. Mit dem anderen Kuchen wiederholen.
17. Die Kuchen mithilfe des Papiers aufrollen. Am Anfang fester rollen. Am Ende kann das Papier mit einer Holzleiste oder Ähnlichem gestrafft werden. Die Biskuitrollen mit der Naht nach unten auf ein Tablett und in den Kühlschrank legen, das Backpapier drauflassen. 1 Stunde ruhen lassen, dann die Enden mit einem warmen Messer gerade abschneiden.
18. Den Kuchen beim Servieren mit einem warmen Messer anschneiden, damit sich schöne Schnittflächen ergeben. Vor jedem Schnitt die Sahne auf dem Messer entfernen. Die Biskuitrolle schmeckt am besten am selben Tag, kann aber in Frischhaltefolie eingewickelt 2–3 Tage im Kühlschrank aufbewahrt werden.

KAWAII ROLL CAKE, 48

ROLL CAKE MIT FRÜCHTEN, 50

KAWAII ROLL CAKE

Eine Biskuitrolle mit niedlichen Motiven, Erdbeersahne und Erdbeeren kann die Familie oder Gäste noch glücklicher machen. Hier zeige ich ein Erdbeermuster, das jeder leicht nachzeichnen kann, aber Sie können gerne versuchen, Ihr eigenes Muster zu entwickeln.

Um zu verhindern, dass der Kuchen festklebt und das Muster beschädigt wird, empfehle ich die Verwendung einer wiederverwendbaren Antihaft-Backmatte anstelle von normalem Backpapier, siehe Seite 18.

Um schöne Muster zu zeichnen, benötigen Sie einen Spritzbeutel mit einer spitzen Tülle. Sie können fertige Spritzbeutel verwenden, aber ich empfehle, dass Sie Ihre eigenen herstellen, um wirklich dünne Linien sprühen zu können. Wie das geht, sehen Sie auf Seite 147.

2 BISKUITROLLEN À 18 CM ODER 1 À 36 CM

Fettpfanne oder Backblech

DEKORATIONSTEIG

30 g Butter, Zimmertemperatur
30 g Puderzucker
30 g Eiweiß (1 Ei)
20 g Weizenmehl
10 g Kartoffelmehl
Lebensmittelfarben: Rot, Grün, Gelb und Schwarz

EIMASSE

95 g Weizenmehl
25 g Kartoffelmehl
130 g Eigelb (8 Eier)
50 g Zucker
60 ml Rapsöl
85 ml Vollmilch
Einige Tropfen rote Lebensmittelfarbe

BAISERMASSE

270 g Eiweiß (8 Eier)
100 g Zucker

ERDBEERSAHNE

600 g Sahne, 40 %
120 g Erdbeermarmelade

DEKORATION

250 g Erdbeeren

DEKORATIONSTEIG

1. Butter und Puderzucker in einer Schüssel von Hand zu einer geschmeidiger Konsistenz schlagen.
2. Das Eiweiß hinzufügen und unterrühren. Weizen- und Kartoffelmehl hineinsieben und alles zu einem glatten Teig vermengen.
3. Den Teig auf fünf kleine Schälchen verteilen und mit Lebensmittelfarbe rot, grün, gelb und schwarz einfärben. Einen Teil ungefärbt lassen.
4. Fünf kleine Spritzbeutel basteln, siehe Seite 147.
5. Den Dekorationsteig in die Spritzbeutel füllen und die Öffnung verschließen und zukleben. Ein kleines Loch in die Spitze schneiden, um damit dünne Linien zeichnen zu können.
6. Eine Backmatte auf ein Tablett legen, das in den Kühlschrank passt. Die Backmatte darf nicht größer sein als das Blech. Ein Erdbeermuster direkt auf die Backmatte spritzen: zuerst Erdbeerblätter mit Grün, dann schwarze Punkte als Kerne. Mit Rot die Konturen der Erdbeeren spritzen und ausfüllen. Auch hier und da Erdbeerblüten mit Weiß und Gelb malen. Das Tablett für mindestens 20 Minuten in den Gefrierschrank stellen, damit die Muster hart werden und später nicht verschmieren.

EI- UND BAISERMASSE

7. Den Backofen auf 175 °C (Ober-/Unterhitze) vorheizen. Eine Fettpfanne mit Backpapier auslegen.
8. Ei- und Baisermasse nach den Anweisungen auf Seite 42 zubereiten und rote Lebensmittelfarbe hinzufügen, um den Teig rosa zu färben.
9. Das Tablett aus dem Gefrierschrank nehmen. Die Backmatte mit den Erdbeermustern vorsichtig in die Fettpfanne mit Backpapier legen. Den Teig hineingießen und mit einer angewinkelten Tortenpalette gleichmäßig verteilen. Darauf achten, die Muster auf der Unterseite nicht zu beschädigen.
10. Etwa 15 Minuten backen, bis der Kuchen oben eine schöne Farbe hat. Mit einem Zahnstocher in der Mitte des Kuchens testen, ob er durchgebacken ist.
11. Die Fettpfanne aus dem Backofen nehmen und neues Backpapier auf den Kuchen legen. Ein Kuchengitter auf das Backpapier legen und den Kuchen schnell, aber vorsichtig umdrehen. Topflappen verwenden! Die Fettpfanne abheben, das Backpapier entfernen und anschließend die Backmatte vorsichtig lösen, damit die Muster nicht beschädigt werden. Den Kuchen unter Frischhaltefolie oder einem neuen Backpapier abkühlen lassen, damit er nicht trocken wird.

ERDBEERSAHNE UND MONTAGE – SIEHE ABSCHNITT TECHNIK AUF SEITE 140

12. Die Sahne zusammen mit der Erdbeermarmelade steif schlagen. Die frischen Erdbeeren säubern und jede Erdbeere je nach Größe in 2–4 Stücke schneiden.
13. Den Kuchen wieder umdrehen, sodass die Seite mit den Mustern nach unten zeigt.
14. Da es einfacher ist, zwei kurze Rollen zu formen als eine lange, empfehle ich, den Kuchen jetzt zu halbieren, sodass zwei Stücke mit einer Breite von 20 cm entstehen, siehe Abbildung auf Seite 43.
15. Die Kuchen vorsichtig auf je ein Backpapier legen. Um die Biskuitrolle leichter zu rollen und ihr eine schönere Form zu geben, auf der Seite, an der mit dem Rollen begonnen werden soll, 5 flache Linien in Abständen von 2 cm einritzen. Jedoch darauf achten, den Kuchen nicht ganz durchzuschneiden. Die gegenüberliegende Kante, an der die Rolle enden wird, abschrägen.
16. Die Hälfte der Erdbeersahne auf einen der Kuchen geben. Mit einer Tortenpalette die Sahne gleichmäßig auf dem Kuchen und den Seiten verstreichen. Die abgeschrägte Seite auslassen. Erdbeerstücke in zwei bis drei Reihen auslegen. Mit dem anderen Kuchen wiederholen.
17. Die Kuchen mithilfe des Papiers aufrollen. Am Anfang fester rollen. Am Ende kann das Papier mit einer Holzleiste oder Ähnlichem gestrafft werden. Die Biskuitrolle mit der Naht nach unten auf ein Tablett und in den Kühlschrank legen, das Backpapier drauflassen. 1 Stunde ruhen lassen, dann die Enden mit einem warmen Messer gerade abschneiden.
18. Den Kuchen beim Servieren mit einem warmen Messer anschneiden, damit sich schöne Schnittflächen ergeben. Vor jedem Schnitt die Sahne auf dem Messer entfernen. Die Biskuitrolle schmeckt am besten am selben Tag, kann aber in Frischhaltefolie eingewickelt 2–3 Tage im Kühlschrank aufbewahrt werden.

ROLL CAKE MIT FRÜCHTEN

Dies ist eine luxuriöse Biskuitrolle mit frischen Früchten. Der Boden ist ein französischer Kuchenteig namens Biscuits à la cuillère, mit einer knusprigen Außenseite und einer weichen Innenseite. Um schöne gebackene Linien auf der Außenseite des gerollten Kuchens zu erhalten, ist es wichtig, dass der Teig eine gute Konsistenz bekommt.

2 BISKUITROLLEN À 18 CM ODER 1 À 36 CM

Fettpfanne oder Backblech

TEIG

80 g Weizenmehl
20 g Kartoffelmehl
140 g Eiweiß (4–5 Eier), kühlschrankkalt
100 g Zucker
70 g Eigelb (4 Eier)
Puderzucker

ZUCKERSIRUP

30 g Zucker
30 ml Wasser
1 TL Zitronensaft

FÜLLUNG

600 g Sahne, 40 %
60 g Zucker
1 Banane
1 Orange
1 Kiwi
125 g Himbeeren

TEIG

1. Den Backofen auf 200 °C (Ober-/Unterhitze) vorheizen. Eine Fettpfanne mit Backpapier auslegen. Eine runde Tülle mit 9 mm Durchmesser auf einen Spritzbeutel setzen.
2. Weizen- und Kartoffelmehl in einer Schüssel mischen.
3. Jetzt eine Baisermasse zubereiten, dabei ist es wichtig, Schüssel und Schneebesen gut abzuwaschen, sodass sich kein Fett mehr daran befindet. Das Eiweiß zu einem weißen Schaum schlagen, ⅓ des Zuckers hineingeben. Weiter schlagen, bis der Zucker sich aufgelöst hat. Ein weiteres Drittel des Zuckers hinzugeben und weiter schlagen. Den letzten Teil des Zuckers hinzufügen und schlagen, bis ein fester, glänzender Schaum entsteht. Die Baisermasse für diesen Kuchen sollte fest sein, damit sie sich in feinen Linien spritzen lässt.
4. Das Eigelb hineingeben und leicht verrühren. Im nächsten Schritt wird der Teig weiter verrührt, sodass es keine Rolle spielt, ob jetzt noch gelbe Schlieren vom Ei in der Baisermasse zu sehen sind.
5. Die Mehlmischung in den Teig sieben und mit einem Teigspatel schnell und vorsichtig umrühren, aufhören, sobald das Mehl untergemischt ist.
6. Den Teig in den Spritzbeutel füllen und diagonale Linien über das gesamte Backpapier spritzen. Auf diese Weise wird der gesamte Kuchen hergestellt. Da der Teig im Backofen etwas aufgeht, sollten die Linien nicht zu eng gespritzt werden. Es reicht, wenn sie sich gerade berühren. Es muss schnell gearbeitet

werden. Den Puderzucker durch ein Teesieb gleichmäßig über den Kuchen sieben. Wenn der Puderzucker geschmolzen ist, erneut sieben.

7. Den Kuchen etwa 10 Minuten backen, bis die Oberseite etwas Farbe bekommen hat. Mit einem Zahnstocher in der Mitte des Kuchens testen, ob er durchgebacken ist. Den Kuchen aus dem Backofen nehmen und mit dem Backpapier auf ein Kuchengitter legen. Ein neues Backpapier auf den Kuchen legen, damit er nicht trocken wird und beim Rollen reißt. Den Kuchen ganz abkühlen lassen.

ZUCKERSIRUP

8. Zucker und Wasser in der Mikrowelle oder in einem Topf auf dem Herd zu einem Zuckersirup kochen und Zitronensaft hinzufügen.

FÜLLUNG UND MONTAGE – SIEHE ABSCHNITT TECHNIK AUF SEITE 140

9. Sahne und Zucker für die Füllung sehr steif schlagen. Anschließend in den Kühlschrank stellen. Früchte schälen und in kleine Stücke schneiden.
10. Mit beiden Händen eine der langen Seiten des Kuchens fassen und ihn schnell, aber vorsichtig wenden, sodass die untere Seite oben liegt.
11. Das nun oben liegende Backpapier vorsichtig entfernen. Da es einfacher ist, zwei kurze Rollen zu formen als eine lange, empfehle ich, den Kuchen jetzt zu halbieren, sodass zwei Stücke mit einer Breite von 20 cm entstehen, siehe Abbildung auf Seite 43.
12. Die Kuchen vorsichtig auf je ein Backpapier legen. Um die Biskuitrolle leichter zu rollen und ihr eine schönere Form zu geben, auf der Seite, an der mit dem Rollen begonnen werden soll, 5 flache Linien in Abständen von 2 cm einritzen. Jedoch darauf achten, den Kuchen nicht ganz durchzuschneiden. Die gegenüberliegende Kante, an der die Rolle enden wird, abschrägen.
13. Die Biskuitrolle mit Zuckersirup bestreichen. Mit einer Tortenpalette die Sahne gleichmäßig auf dem Kuchen und den Seiten verstreichen. Die abgeschrägte Seite auslassen. Die Fruchtstücke in Reihen auslegen, mit einer Fruchtsorte in jeder Reihe (siehe Abbildung unten). Mit dem anderen Kuchen wiederholen.
14. Die Kuchen mithilfe des Papiers aufrollen. Am Anfang fester rollen. Am Ende kann das Papier mit einer Holzleiste oder Ähnlichem gestrafft werden. Die Biskuitrolle mit der Naht nach unten auf ein Tablett und in den Kühlschrank legen, das Backpapier drauflassen. 1 Stunde ruhen lassen, dann die Enden mit einem warmen Messer gerade abschneiden.
15. Den Kuchen beim Servieren mit einem warmen Messer anschneiden, damit sich schöne Schnittflächen ergeben. Vor jedem Schnitt die Sahne auf dem Messer entfernen. Die Biskuitrolle schmeckt am besten am selben Tag, kann aber in Frischhaltefolie eingewickelt 2–3 Tage im Kühlschrank aufbewahrt werden.

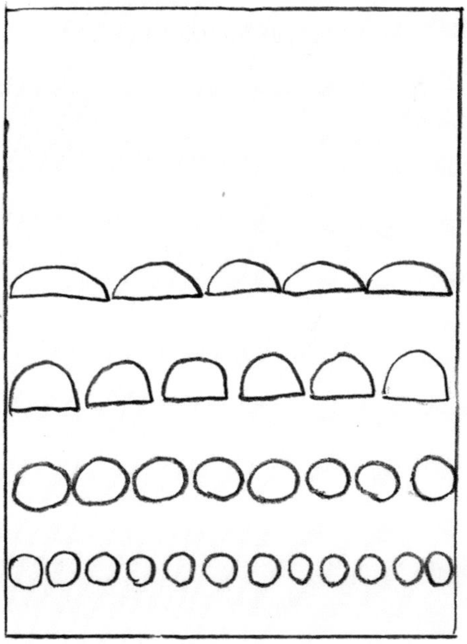

MONT BLANC, 54

KÜRBISPUDDING, 56

Mont Blanc
モンブラン

Mont Blanc ist eine der beliebtesten Yogashi-Gebäcksorten in Japan, und auch ich esse es sehr gerne. Wir Japaner freuen uns immer auf den Herbst, wenn die kleinen Bäckerbetriebe mit dem Verkauf dieses Gebäcks beginnen.

Mont Blanc besteht in der Regel aus einem Boden aus lockerem Biskuit, Baiser, Schlagsahne, Kastaniencreme, die wie ein Berg gespritzt wird, und eingelegten Kastanien als Dekoration. Zum Schluss wird Puderzucker wie Schnee über das Gebäck gestreut. Die Idee stammt aus Italien und war ursprünglich nur Kastanienpaste mit Schlagsahne auf einem Teller. Das Gebäck wurde von der Konditorei Angelina in Paris entwickelt und in Japan von einer 1933 gegründeten Konditorei eingeführt, die sogar den Namen Mont Blanc trug. Da Kastanien in Japan seit über 12.000 Jahren gegessen werden und bereits eine beliebte Zutat in vielen Wagashi-Backwaren waren, war es kein Wunder, dass Mont Blanc schnell zu einem Favoriten vieler Japaner wurde.

12 GEBÄCKSTÜCKE

Muffinblech für 12 Muffins

MONT BLANC-CREME AUS KASTANIEN

700 g frische oder
500 g tiefgekühlte Esskastanien, aufgetaut
1 Vanilleschote
420 ml Vollmilch
110 g Zucker
1–2 EL Rum oder Brandy (optional)

BODEN

Butter für die Formen
100 g Ei (2 Eier)
70 g Zucker
20 g Butter
50 g Weizenmehl
40 g Mandelmehl

ZUCKERSIRUP

40 ml Wasser
40 g Zucker
10 ml Rum (optional)

MONTAGE UND GARNIERUNG

Kuri Kanroni, siehe Seite 130
350 g Sahne, 40 %
35 g Zucker
Puderzucker

MONT BLANC-CREME

1. Die Kastanien gründlich abspülen und in reichlich Wasser bei mittlerer Temperatur etwa 20 Minuten garen, bis sie weich sind. Das Wasser abgießen.
2. Die Kastanien mit einem Messer teilen. Den Inhalt mit einem Löffel herauskratzen und in einen Topf geben.
3. Die Vanilleschote mit einem kleinen Messer längs aufschneiden und das Mark herauskratzen. Vanilleschote und Mark in den Topf mit den Kastanien geben. Die Milch dazugießen.

4. Bei niedriger Temperatur unter ständigem Rühren mit einem Holzlöffel köcheln lassen, bis die Kastanien weich sind und die meiste Milch verkocht ist. Vom Herd nehmen, die Vanilleschote entfernen und die Kastanien mit einem Kartoffelstampfer pürieren.
5. Den Zucker einrühren, wieder auf den Herd stellen und umrühren. Den Topf vom Herd nehmen, wenn der Zucker geschmolzen ist.
6. Die Masse langsam durch ein feinmaschiges Sieb passieren. Falls Klümpchen zurückbleiben, könnten diese den Spritzbeutel verstopfen.
7. Abkühlen lassen und nach Belieben Rum hineinrühren.

BODEN

8. Den Backofen auf 170 °C (Ober-/Unterhitze) vorheizen.
9. Die Muffinformen mit Butter einfetten. In einem Topf Wasser für ein Wasserbad erhitzen.
10. Eier und Zucker in einer Schüssel verrühren und im Wasserbad auf etwa 40 °C erhitzen. Die Butter in eine kleine Schüssel geben und über dem Wasserbad schmelzen.
11. Die Eimischung mit dem Handmixer etwa 3–4 Minuten schaumig schlagen.
12. Weizenmehl und Mandelmehl in einer Schüssel vermengen und in die Eiermasse sieben. Die im Sieb verbliebenen Mandelreste dazugeben. Mit einem Teigspatel zu einem glatten Teig verrühren.
13. Etwa 2 EL Teig gut mit der Butter vermischen. Dann das Buttergemisch in den Teig geben und mit einem Teigspatel vorsichtig gleichmäßig vermischen.
14. Den Teig in die Formen geben und etwa 12–15 Minuten in der Mitte des Ofens backen. Herausnehmen und abkühlen lassen.

ZUCKERSIRUP

15. Das Wasser mit dem Zucker aufkochen, bis der Zucker ganz geschmolzen ist. Abkühlen lassen und nach Belieben Rum hinzufügen.

MONTAGE

16. Die Böden mit dem Zuckersirup bestreichen.
17. Die Kuri Kanroni-Kastanien abtropfen lassen und halbieren. Eine Hälfte auf jeden Boden legen. Die restlichen Hälften als Dekoration aufheben.
18. Sahne und Zucker zu einer festen Konsistenz schlagen. In einen Spritzbeutel füllen und um die Kastanien herum in Form eines Berges auf die Böden spritzen.
19. Die Mont Blanc-Creme in einen Spritzbeutel mit Mont Blanc-Tülle füllen, siehe Seite 21. Die Creme langsam in Kreisen auf die Sahne spritzen.
20. Mit Puderzucker bestauben und je eine halbe Kuri Kanroni darauf legen. Schmeckt am besten am selben Tag, aber das Gebäck kann, in Frischhaltefolie eingewickelt, auch 2–3 Tage im Kühlschrank aufbewahrt werden.

Kürbispudding Kabocha Purin

南瓜プリン

In Japan ist Kürbis nicht nur eine gängige Zutat in der Küche, sondern auch eine sehr beliebte Zutat in Backwaren. Besonders im Herbst erscheinen viele Süßigkeiten mit Kürbis in Konditoreien und Lebensmittelgeschäften.

In Japan werden andere Kürbisse als in Europa verwendet, siehe Seite 14. Die Schale ist meist grün oder dunkelgrün, das Fruchtfleisch süß und nussig. Japanische Kürbisse enthalten weniger Wasser und haben eine viel mehligere Konsistenz als europäische. Jetzt hat man aber auch bei uns begonnen, einige japanische Kürbisse anzubauen, die man auf Bauernmärkten und manchmal auch in Lebensmittelgeschäften findet. Sie werden als Delica- oder Kabocha-Kürbis bezeichnet. Das Wort Kabocha bedeutet auf Japanisch Kürbis.

Dies ist ein beliebter Kürbispudding, der in meinem Rezept in einer großen Auflaufform im Wasserbad im Ofen gebacken und dann in Sektschalen mit Schlagsahne, hausgemachter Karamellsauce und etwas Zimt serviert wird. Probieren Sie ihn unbedingt aus, wenn Sie einen japanischen Kürbis in die Hände bekommen.

6 PORTIONEN

Auflaufform aus Glas, Ø 20 cm, 6 cm Kantenhöhe

PURIN-TEIG

400 g japanischer Kürbis, z. B. Delica oder Kabocha, geschält und entkernt
200 g Ei (4 Eier)
150 g Zucker
400 ml Vollmilch
150 g Sahne, 36–40 %

KARAMELLSAUCE

50 g Zucker
1 EL Wasser
20 g Butter, Zimmertemperatur
70 g Sahne, 36–40 %

DEKORATION

200 g Sahne, 36–40 %
20 g Zucker
Zimt

PURIN-TEIG

1. Den Backofen auf 180 °C (Ober-/Unterhitze) vorheizen. Das Wasser für das Wasserbad in einer Fettpfanne erhitzen.
2. Den Kürbis in kleinere Stücke schneiden. Die Kürbisstücke etwa 5 Minuten garen, bis sie weich sind, entweder im Dampfgarer oder in der Mikrowelle bei 600 W. Die Stücke mit dem Stabmixer in einer großen Schüssel pürieren.
3. Die Eier in einer anderen Schüssel mit dem Zucker verquirlen, bis der Zucker sich aufgelöst hat. In die Kürbismasse geben und gut verrühren.
4. Milch und Sahne in einem Topf auf etwa 80 °C erhitzen, dann vom Herd nehmen. Unter Rühren in die Kürbismischung gießen.

5. Den Teig durch ein Sieb in eine ofenfeste Form streichen. Die Form in das Wasserbad in der Fettpfanne stellen und in der Mitte des Ofens etwa 40 Minuten backen. Die Backzeit kann je nach Größe und Dicke der Form variieren. Sollte die Oberfläche also zu dunkel werden, kann sie mit Alufolie abgedeckt werden, damit nichts anbrennt. Der Pudding ist fertig, wenn die gesamte Oberfläche fest ist, auch die Mitte, wenn die Form geschüttelt wird. Etwas abkühlen lassen und dann in den Kühlschrank stellen, damit der Pudding vor dem Servieren kalt wird.

KARAMELLSAUCE

6. Zucker und Wasser in einem Topf bei mittlerer Temperatur ohne Rühren aufkochen. Wenn die Sauce einen braunen Ton hat, vom Herd nehmen und sofort die Butter hinzugeben und verrühren. Die Sahne hineingeben und nochmals verrühren. Aufkochen und dann die Sauce abkühlen lassen. Vor dem Servieren gut umrühren.

MONTAGE

7. Die Sahne leicht mit dem Zucker schlagen. Den Pudding mit einem großen Esslöffel in Sektschalen oder kleine Dessertschalen geben. Mit Schlagsahne bedecken, mit der Karamellsauce beträufeln und mit Zimt bestreuen. Das Backwerk kann in Frischhaltefolie eingewickelt 2–3 Tage im Kühlschrank aufbewahrt werden.

KÜRBISTARTE MONT BLANC, 60

Kürbistarte Mont Blanc

南瓜のモンブランタルト

Mont Blanc ist eigentlich ein Kastaniengebäck, aber da Zutaten wie Süßkartoffel und Kürbis eine ähnlich mehlige Konsistenz haben, lassen sich auch damit leckere Varianten backen. In diesem Rezept kombiniere ich Mont Blanc-Creme aus japanischem Kürbis mit einem knusprigen Tarteboden. Gerade der Tarteboden ist eine sehr beliebte Alternative zum klassischen Mont Blanc-Boden.

10 STÜCKE

Tarteform, Ø 24 cm
Getrocknete Erbsen zum Backen

TARTEBODEN

90 g Butter, Zimmertemperatur
70 g Zucker
50 g Ei (1 Ei)
180 g Weizenmehl
1 Msp. Backpulver
Butter und Mehl für die Form

HASELNUSSCREME

90 g Butter, Zimmertemperatur
90 g Zucker
90 g Ei (2 Eier)
70 g fein gemahlene Haselnüsse
20 g Weizenmehl

KÜRBISCREME

350 g japanischer Kürbis, Delica oder Kabocha, geschält und entkernt (siehe Seite 14)
25 g Butter
70 g Zucker
80 g Sahne, 36–40 %

SAHNE

300 g Sahne, 40 %
30 g Zucker

MONTAGE

Puderzucker
Kürbiskerne

TARTEBODEN

1. Butter und Zucker in einer Schüssel verrühren. Das Ei mit einer Gabel verquirlen und untermischen. Mehl und Backpulver mischen, in die Schüssel sieben und unterheben. Alles zu einem Teig arbeiten. Den Teig in einen Plastikbeutel geben oder die Schüssel mit Frischhaltefolie abdecken und mindestens 1 Stunde im Kühlschrank ruhen lassen.
2. Den Teig auf einer bemehlten Arbeitsfläche zu einer runden Form von etwa 3 mm Dicke und 30 cm Durchmesser (also größer als die Tarteform) ausrollen. Den Teig in die gefettete und bemehlte Form drücken. Das muss schnell erfolgen, da der Teig durch die Wärme der Hand weicher wird. Den überschüssigen Teig an den Rändern abkratzen, indem das Nudelholz über die Form gerollt wird, und den überschüssigen Teig abschneidet. Die Form vor dem Backen 1 Stunde in den Kühlschrank stellen, damit der Tarteboden beim Backen nicht zusammenfällt.

HASELNUSSCREME

3. Die Butter in einer Schüssel weichrühren und den Zucker untermischen. Die Eier mit einer Gabel verquirlen und unterrühren. Dann gemahlene Haselnüsse und Weizenmehl untermischen.
4. Den Backofen auf 200 °C (Ober-/Unterhitze) vorheizen. Einen Kreis von etwa 30 cm Durchmesser aus Backpapier ausschneiden und auf die Tarte legen. Durch Einschneiden an einigen Stellen kann das Papier der Form der Tarte folgen. Mit den getrockneten Erbsen beschweren, dadurch bleibt der Boden beim Backen flach. 10 Minuten in der Mitte des Ofens backen. Anschließend das Backpapier und die Erbsen entfernen und weitere 10 Minuten backen.
5. Die Haselnusscreme in die Tarte geben und verstreichen. Die Temperatur auf 180 °C senken und in der Mitte des Ofens etwa 30 Minuten backen. Abkühlen lassen und dann den Tarteboden aus der Form lösen.

KÜRBISCREME

6. Den Kürbis in kleinere Stücke schneiden und in der Mikrowelle 5–7 Minuten bei 600 W garen oder dämpfen, bis er weich ist. Die Stücke mit dem Stabmixer pürieren.
7. Das Kürbispüree zusammen mit Butter, Zucker und Sahne in einen Topf geben. Bei mittlerer Temperatur erwärmen und umrühren, bis die Mischung dick genug ist, um sie spritzen zu können. Vom Herd nehmen und durch ein Sieb passieren, damit sie zu einer glatten Paste wird. Abkühlen lassen.

SAHNE UND MONTAGE

8. Sahne und Zucker in einer Schüssel steif schlagen und mit einer Tortenpalette auf der Tarte verteilen. Die Kürbiscreme in einen Spritzbeutel mit Mont Blanc-Tülle füllen und auf die Tarte spritzen. Mit Puderzucker und Kürbiskernen bestreuen. Die Tarte schmeckt am gleichen Tag am besten, kann aber in Frischhaltefolie 1–2 Tage im Kühlschrank aufbewahrt werden.

Tarte mit Süßkartoffeln und schwarzem Sesam

サツマイモと黒胡麻のタルト

Ich habe dieses Rezept für mein Pop-up-Café kreiert, nur um meinen Gästen zu zeigen, wie japanische Süßkartoffeln eine tolle mehlige Konsistenz ergeben können. Gerade die Mehligkeit ist eine Eigenschaft, die viele japanische Backwaren haben. In Asia-Läden findet man für gewöhnlich das ganze Jahr über japanische Süßkartoffeln, siehe Seite 15.

Das Abflämmen der Oberfläche der Tarte am Ende erinnert mich an Yaki-imo, gegrillte Süßkartoffel, eine schöne Kindheitserinnerung. Als Kind haben wir im Herbst oft Süßkartoffeln im Garten gegrillt. Es gab sogar Lastwagen, die mit einer kleinen Melodie herumfuhren und Yaki-imo verkauften, ähnlich wie der Eiswagen bei uns. Sesam ist auch eine Zutat, die in Japan häufig zum Kochen und Backen verwendet wird. Besonders Backwaren mit Süßkartoffeln werden gerne mit schwarzem Sesam kombiniert.

10 STÜCKE

Tarteform, Ø 24 cm
getrocknete Erbsen zum Backen

TARTEBODEN

1 Satz Tartebodenteig, siehe Seite 60

SESAM-MANDEL-CREME

75 g Butter, Zimmertemperatur
75 g Zucker
90 g Ei (2 Eier)
20 g Tahini
60 g schwarzer Sesam, im Mörser zerstoßen
40 g Mandelmehl

VANILLECREME

½ Vanilleschote
180 ml Vollmilch
55 g Eigelb (3–4 Eier)
40 g Zucker
15 g Maisstärke
10 g Butter

SÜSSKARTOFFELCREME

400 g rote Japanische Süßkartoffeln, geschält
30 g Butter
90 g Zucker
80 g Sahne, 36–40 %
20 g Eigelb (1 Ei)
1 EL Rum (optional)

EIMISCHUNG ZUM BESTREICHEN

½ Ei
1 TL Vollmilch
schwarzer Sesam zum Bestreuen

TARTEBODEN

1. Den Teig für den Tarteboden in die Tarteform drücken. 1 Stunde im Kühlschrank stehen lassen.

SESAM-MANDEL-CREME

2. Die Butter in einer Schüssel weich rühren und den Zucker untermischen. Die Eier mit einer Gabel verquirlen. Eier und Tahini zugeben und untermischen. Zerstoßenen Sesam und Mandelmehl unterrühren.
3. Den Backofen auf 200 °C (Ober-/Unterhitze) vorheizen. Einen Kreis von etwa 30 cm Durchmesser aus Backpapier ausschneiden und auf die Tarte legen. Durch Einschneiden an einigen Stellen kann das Papier der Form der Tarte folgen. Mit getrockneten Erbsen beschweren, dadurch bleibt der Boden beim Backen flach. 10 Minuten in der Mitte des Ofens backen. Dann das Backpapier und die Erbsen entfernen und weitere 10 Minuten backen.
4. Die Sesam-Mandel-Creme auf den Tarteboden geben und verstreichen. Die Temperatur auf 180 °C senken und etwa 30 Minuten in der Mitte des Ofens backen oder bis sie eine schöne Farbe hat. Abkühlen lassen und dann die Tarte aus der Form nehmen.

VANILLECREME

5. Die Vanilleschote längs aufschneiden und das Mark herauskratzen. Die Milch mit Schote und Mark aufkochen. Den Topf vom Herd nehmen.
6. Eigelb und Zucker in einer Schüssel schaumig schlagen, die Maisstärke hineinsieben und untermischen.
7. Die Vanillemilch nach und nach unter Rühren in die Eimischung gießen und alles glatt rühren. Die Mischung durch ein Sieb zurück in den Topf passieren, damit die Vanilleschote entfernt und die Masse glatt wird. Bei mittlerer Temperatur unter ständigem Rühren auf dem Boden des Topfes köcheln lassen, bis die Masse richtig dickflüssig ist.
8. Vom Herd nehmen und die Butter hineingeben. Rühren, bis die Butter ganz geschmolzen ist und die Creme glänzend und glatt ist. Die Creme in eine Schale füllen und Frischhaltefolie direkt auf die Oberfläche der Creme legen, damit diese nicht austrocknet. Abkühlen lassen, am besten in ein Eiswasserbad stellen, damit sie schneller abkühlt. Die Vanillecreme im Kühlschrank aufbewahren.

SÜSSKARTOFFELCREME

9. Die Süßkartoffeln in kleinere Stücke schneiden und in der Mikrowelle 5–7 Minuten bei 600 W garen oder dämpfen, bis sie weich sind. Die Süßkartoffeln mit dem Stabmixer glatt pürieren.
10. Die Masse zusammen mit Butter, Zucker und Sahne in einen Topf geben und vermengen. Das Eigelb hinzugeben und nochmals verrühren. Bei mittlerer Temperatur erwärmen und rühren, bis die Creme eindickt. Vom Herd nehmen und nach Belieben den Rum hinzufügen. In eine Schüssel umfüllen und abkühlen lassen.

MONTAGE

11. Die Vanillecreme glatt rühren und mit einer Tortenpalette auf dem Tarteboden verstreichen. Anschließend die Süßkartoffelcreme darauf verteilen. Ei und Milch mit einer Gabel verquirlen und einmal durchseihen. Die Tarte damit bestreichen.
12. Den Backofen auf die höchste Stufe mit Grillfunktion einstellen. Im oberen Teil des Ofens etwa 2 Minuten grillen, bis die Oberfläche goldbraun wird, oder mit einem Brenner abflämmen, aber nicht zu stark. Mit schwarzem Sesam bestreuen. Die Tarte schmeckt am besten, wenn sie sofort gegessen wird, sie kann aber auch, in Frischhaltefolie eingewickelt, 1–2 Tage im Kühlschrank aufbewahrt werden.

Dacquoise

ダックワーズ

Eine japanische Dacquoise besteht aus zwei Baiserkeksen, die mit Buttercreme dazwischen zusammengesetzt werden. In Frankreich ist das Nuss-Baiser Teil einer Torte, aber in den 1970er-Jahren experimentierte ein japanischer Konditor in Paris damit und erschuf das, was zur japanischen Dacquoise wurde. Inspirieren ließ er sich von Wagashin Monaka, das aus zwei knusprigen Keksen besteht, aber eine Füllung aus Adzukibohnenpaste hat. Nachdem die »japanisch-französische« Dacquoise in Japan populär geworden war, verbreitete sich ihr Ruf über einen neugierigen französischen Konditor, der Japan besuchte, bis zurück nach Frankreich, wo sie inzwischen in einigen Konditoreien zum Sortiment gehört.

20 KEKSE

1 Dacquoise-Form (alternativ können die Kekse auch ohne gespritzt werden)

KEKSE

120 g Mandelmehl
120 g Puderzucker
20 g Weizenmehl
200 g Eiweiß (6 Eier), kühlschrankkalt
60 g Zucker
Puderzucker

BUTTERCREME MIT ITALIENISCHEM BAISER

40 g Eiweiß (1–2 Eier)
10 g + 50 g Zucker
20 ml Wasser
150 g Butter, Zimmertemperatur

KEKSE

1. Den Backofen auf 180 °C (Ober-/Unterhitze) vorheizen. Ein Backblech mit Backpapier auslegen und eine 8-mm-Tülle an einem Spritzbeutel anbringen.
2. Mandelmehl, Puderzucker und Weizenmehl vermengen und die Mischung in eine Schüssel sieben.
3. Anschließend aus Eiweiß und Zucker eine Baisermasse zubereiten. Wichtig ist, dass das Eiweiß (es darf keine Spuren von Eigelb enthalten) kühlschrankkalt ist und Schüssel und Schneebesen gut gereinigt sind. Das Eiweiß mit hoher Geschwindigkeit zu Schaum schlagen. Den Zucker in drei Teilen hinzugeben, den ersten, wenn das Eiweiß einen deutlichen Schaum gebildet hat. Nach jedem Mal gut schlagen, und wenn der gesamte Zucker hinzugefügt ist, weiter mit hoher Geschwindigkeit schlagen, bis eine dicke, steife Baisermasse entsteht. Diese sollte so fest sein, dass sie in feinen Linien gespritzt werden kann.
4. Die gesiebte Mehlmischung schnell und vorsichtig mit einem Teigspatel unter die Baisermasse heben, damit die Baisermasse ihre Lockerheit beibehält. Nicht zu viel mischen. Den Spritzbeutel mit der Masse füllen.
5. Wenn Sie eine Dacquoise-Form haben (siehe Seite 18/19), diese auf das Backpapier legen und die Kekse darauf spritzen. Überschüssigen Teig mit einem Teigschaber oder einer Tortenpalette abstreichen, sodass die Oberfläche glatt ist. Mit einem angefeuchteten Zahnstocher am äußeren Rand jedes Gebäckstücks entlangfahren. So wird es einfacher, die Form abzuheben, ohne dass die Masse daran haften bleibt. Die Form vorsichtig abheben. Wenn Sie keine Dacquoise-Form

haben, kann die Masse stattdessen direkt auf das Papier gespritzt werden. Die Kekse in einer Spirale von innen nach außen spritzen, siehe Abbildung unten.

6. Die Kekse mit Puderzucker bestauben und stehen lassen, bis der Puderzucker geschmolzen ist. Anschließen ein weiteres Mal bestauben und dann in der Mitte des Ofens 12–15 Minuten backen. Völlig auskühlen lassen und dann vom Backblech lösen.

BUTTERCREME

7. Italienische Baisermasse herstellen: Das Eiweiß mit dem Handmixer in einer Schüssel schlagen. 10 g Zucker einrühren und verquirlen, bis ein leichter Schaum entsteht.
8. 50 g Zucker und 20 ml Wasser in einen kleinen Topf geben und bei mittlerer Temperatur erhitzen. Die Temperatur prüfen und den Topf bewegen, damit der Zucker gleichmäßig schmilzt. Dabei jedoch nicht umrühren, da sonst der Zucker kristallisieren kann. Wenn der Zuckersirup 120 °C heiß ist, vom Herd nehmen und unter Rühren mit dem Handmixer in einem dünnen Strahl in das Eiweiß gießen, bis eine steife, glänzende Baisermasse entsteht. Dann weiter schlagen, bis die Masse abgekühlt ist.
9. Die Butter weichrühren und mit einem Teigspatel unter die Baisermasse heben.
10. Eine Tülle auf eine neue Spritztüte setzen und die Buttercreme einfüllen. Die Creme auf einen Keks spritzen und diesen mit einem weiteren Keks bedecken. Die Kekse können in Frischhaltefolie verpackt 5–7 Tage im Kühlschrank aufbewahrt werden.

KAFFEE-DACQUOISE

Normalerweise sind Dacquoise nicht aromatisiert, aber es gibt auch viele leckere Varianten. Diese mit Kaffeegeschmack ist sehr beliebt und einfach zu backen.

20 KEKSE

1 Dacquoise-Form (alternativ können die Kekse auch ohne gespritzt werden)

KEKSE

1 Satz Dacquoise-Teig, siehe Seite 65
1 EL löslicher Kaffee

BUTTERCREME

1 Satz Buttercreme mit italienischem Baiser
1 EL löslicher Kaffee
1 EL Wasser

KEKSE

1. Die Dacquoise-Kekse nach dem Rezept auf Seite 65 zubereiten und in Schritt 2 den löslichen Kaffee zu der Mehlmischung geben.

BUTTERCREME

2. Die Buttercreme nach Rezept zubereiten. Außerdem den löslichen Kaffee in 1 EL Wasser auflösen und nach dem Schlagen der Baisermasse in die Buttercreme geben (Schritt 9).

Purin

プリン

Purin ist die japanische Version eines Desserts, das in anderen Ländern unter den Namen Karamellpudding, Crème Caramel oder Flan bekannt ist. Der Karamellpudding kam in den 1860er-Jahren nach Japan, als ein von einem Engländer geführtes Hotel Pudding zum Nachtisch servierte. Nach und nach begannen weitere Restaurants, das Dessert zu servieren. Der Name Pudding klang für die Japaner wie »Podding« oder »Pujjing«, sodass das Dessert schließlich den Namen Purin erhielt, was für die Japaner leichter auszusprechen war.

Heute ist Purin in Japan sehr populär und wird von Groß und Klein geliebt. Es wird überall in Japan verkauft, von trendigen Cafés und Konditoreien bis hin zu Lebensmittelgeschäften und Convenience-Stores.

Es wird auch oft zu Hause gebacken, weil die Zubereitung einfach ist und nur wenige Zutaten erfordert. Im Vergleich zu den Sorten in anderen Ländern ist das japanische Purin oft kleiner, weniger süß und hat eine zartere Textur. Je glatter die Konsistenz, desto besser, am besten ohne Blasen im Teig. Damit das gelingt, ist es wichtig, die Masse nicht zu lange oder zu heftig zu schlagen und darauf zu achten, dass der Pudding die richtige Zeit und in einem Wasserbad gebacken wird.

Ein Trick, um den Pudding aus der Form zu lösen, besteht darin, diese umgedreht auf einen Teller zu legen und dann eine Pirouette zu machen, wobei der Teller und die Form vom Körper weggehalten werden. Das macht Spaß und der Pudding löst sich gut, aber halten Sie die Form gut fest, damit die Karamellsauce nicht spritzt!

6 DESSERTS
6 Souffléformen à 18 cl

KARAMELLSAUCE
100 g Zucker
2 EL Wasser
2 EL kochendes Wasser

PURIN-MASSE
1 Vanilleschote
600 ml Vollmilch
240 g Ei (5 Eier)
40 g Eigelb (3 Eier)
80 g Zucker

1. Den Backofen auf 150 °C (Ober-/Unterhitze) vorheizen. Wasser für ein Wasserbad erhitzen, etwa 60–70 °C.

KARAMELLSAUCE

2. Den Zucker zusammen mit 2 EL Wasser in einem Topf bei mittlerer Temperatur aufkochen. Den Topf gelegentlich bewegen, damit der Zucker gleichmäßig schmilzt, aber nicht umrühren, da dadurch der Zucker kristallisieren kann. Bei steigender Temperatur bilden sich zunächst große Blasen, dann färbt sich der Zucker hellgelb und die Bläschengröße nimmt ab. Wenn der Zucker dunkelbraun geworden ist, vom Herd nehmen und sofort 2 EL kochendes Wasser hinzugießen,

dann hört die Karamellisierung auf. Nicht über die Pfanne beugen, da sie stark dampft. Die Karamellsauce umrühren und portionsweise in die Förmchen füllen.

PURIN-MASSE

3. Die Vanilleschote längs aufschneiden und das Mark herauskratzen. Vanilleschote und Mark in einen Topf geben und Milch hinzufügen. Die Milch auf 60–70 °C erhitzen.
4. Eier, Eigelb und Zucker in einer Schüssel vermengen. Vorsichtig und langsam rühren, nicht schlagen. Die Milch nach und nach unter Rühren zur Eiermasse geben.
5. Die Masse vorsichtig durch ein Sieb in eine andere Schüssel passieren. Ein Stück Küchenpapier auf die Oberfläche der Masse legen und vorsichtig abziehen, sodass die kleinen Bläschen auf der Oberfläche entfernt werden. Die Masse mit einer Schöpfkelle vorsichtig in die Förmchen füllen.
6. Backpapier auf den Boden einer Auflaufform mit hohem Rand geben, damit sich die Formen im Wasserbad nicht bewegen. Die Förmchen in die Auflaufform stellen und mit dem erhitzten Wasser aufgießen. Das Wasser sollte etwa 80 % der Höhe der Formen erreichen.
7. In der Mitte des Ofens etwa 30 Minuten backen. Wenn die Oberfläche in der Mitte der Förmchen fest geworden ist, sind sie fertig. Zum Testen vorsichtig schütteln. Abkühlen lassen und kalt stellen.
8. Vorsichtig eine Tortenpalette zwischen Pudding und Förmchenwand schieben, damit sich der Pudding von den Rändern löst. Einen kleinen Teller auf das Förmchen legen, das Förmchen und den Teller umdrehen und das Förmchen hochheben. Gleich essen oder in Frischhaltefolie 2–3 Tage im Kühlschrank aufbewahren.

Yuzu Rare Cheesecake

柚子レアチーズ

Dies ist ein Cheesecake ohne Backen, aber im Vergleich zu den entsprechenden Cheesecakes in den USA sind die japanischen Sorten fluffiger und weniger schwer, da die Konsistenz mithilfe von Gelatine anstelle von Schlagsahne erreicht wird. Japanischer Rare Cheesecake wird oft mit frischem Obst oder Beerensauce geschmacklich verfeinert oder wie in diesem Rezept mit einem Fruchtgelee kombiniert. Hier im Rezept gesellt sich zum milden Käsekuchen die japanische Zitrusfrucht Yuzu in Geleeform. Der blumige Duft und die Säure der Yuzu machen den Cheesecake noch eleganter und leichter.

10 STÜCKE

Tortenring mit 4 ½ cm hohen Kanten, Ø 21 cm
Eis für ein Eiswasserbad

KEKSBODEN

100 g Vollkornkekse
50 g geschmolzene Butter

CHEESECAKE-MASSE

6 Gelatineblätter
280 g Sahne, 36–40 %
110 g Eigelb (6–7 Eier)
30 ml Wasser
90 g Zucker
200 g Frischkäse, Zimmertemperatur
40 ml Yuzusaft, siehe Seite 17

YUZUGELEE

2 Gelatineblätter
75 g Yuzumarmelade, siehe Seite 17
15 ml Yuzusaft
75 ml Wasser
40 g Zucker

KEKSBODEN

1. Den Tortenring etwas mit Wasser anfeuchten. Die Unterseite des Rings mit Frischhaltefolie bedecken und diese mit einem Gummiband um den Rand des Rings befestigen. Den Tortenring auf ein Tablett oder einen flachen Teller stellen.
2. Die Vollkornkekse in einem Plastikbeutel mithilfe eines Nudelholzes oder in einer Küchenmaschine zerkleinern. Die geschmolzene Butter mit den zerbröselten Keksen mischen. Mit einem flachen Glasboden die Mischung gleichmäßig unten in den Tortenring drücken. In den Kühlschrank stellen, damit der Boden hart wird.

CHEESECAKE-MASSE

3. Die Gelatineblätter 5–7 Minuten in kaltes Wasser legen. Anschließend leicht ausdrücken.
4. Die Sahne in einer Schüssel leicht schlagen und in den Kühlschrank stellen.

5. Eigelb, Wasser und Zucker in einer Schüssel über einem warmen Wasserbad verrühren. Unter Rühren erhitzen. Die Eimischung bei 82 °C vom Herd nehmen und zu einem weißen Schaum schlagen.
6. Die Gelatineblätter in einer kleinen Schüssel über dem Wasserbad schmelzen lassen und unter die Eimischung heben.
7. Den Frischkäse in einer separaten Schüssel verquirlen und den Yuzusaft untermischen. Den Frischkäse unter die Eiermasse rühren. Diese Mischung durch ein Sieb passieren und unter ständigem Rühren über einem kalten Wasserbad abkühlen lassen, bis die Masse anfängt, etwas einzudicken.
8. Die Sahne unter die Masse heben und alles in den Tortenring füllen. Etwa 2 Stunden in den Kühlschrank stellen, bis die Masse fest geworden ist.

YUZUGELEE

9. Die Gelatineblätter 5–7 Minuten in kaltes Wasser einlegen. Anschließend leicht ausdrücken.
10. Yuzumarmelade, Yuzusaft, Wasser und Zucker in einem Topf aufkochen. Die Gelatineblätter in den Topf geben und schmelzen lassen. In eine Schüssel gießen und bei Zimmertemperatur, oder wenn es schneller gehen soll, über einem Eiswasserbad abkühlen lassen. Darauf achten, kein heißes Gelee über den Cheesecake zu gießen, da er sonst schmilzt. Das Yuzugelee vorsichtig auf dem Cheesecake verteilen und weitere 2 Stunden in den Kühlschrank stellen.
11. Die Frischhaltefolie und das Gummi vom Tortenring entfernen und den Ring mit einem in warmes Wasser getauchten und ausgewrungenen Küchenhandtuch umwickeln. Dann löst sich der Kuchen von den Rändern und der Ring kann gerade nach oben abgehoben werden. Sofort essen oder in Frischhaltefolie 2–3 Tage im Kühlschrank aufbewahren.

Mille Crêpes

ミルクレープ

Mille bedeutet tausend, und Crêpe ist der Name eines dünnen französischen Pfannkuchens, was viele glauben lässt, dass dieses Gebäck französisch ist und nach Japan importiert wurde. Dies ist jedoch nicht der Fall. Zwei Cafés in Tokio streiten sich darüber, wer das erste mit Mille Crêpes war, aber klar ist, dass es in den 1970er-Jahren aufkam und schnell in ganz Japan populär wurde.

Das Gebäck ähnelt der uns eher bekannten Pfannkuchentorte, besteht aber aus sehr dünnen Crêpes, die das Ganze etwas eleganter machen. Je dünner die Crêpes sind, desto schwieriger lassen sie sich in der Pfanne wenden, ohne dass sie zerreißen – deshalb verwende ich in diesem Rezept eine kleinere beschichtete Pfanne mit etwa 20 cm Durchmesser. Wenn dennoch einer Ihrer Crêpes kaputtgeht, verwenden Sie ihn in der Mitte der Torte und bewahren Sie den schönsten Crêpe für die letzte äußere Schicht auf. Sie können den letzten Crêpe auch in einer größeren Pfanne backen, Ø etwa 28 cm, und dann die ganze Torte damit bedecken.

8 STÜCKE

CRÊPES

1 Vanilleschote
340 ml Vollmilch
20 g Butter
80 g Weizenmehl
20 g Kartoffelmehl
40 g Zucker
120 g Ei (2–3 Eier)
Rapsöl zum Braten

MONTAGE

500 g Sahne, 40 %
50 g Zucker
40 g Aprikosenmarmelade
10 ml Wasser

CRÊPES

1. Die Vanilleschote längs aufschlitzen und das Mark herauskratzen. Vanilleschote und Mark in einen Topf mit Milch und Butter geben. Auf etwa 80 °C erwärmen. Vom Herd nehmen und die Vanilleschote herausnehmen. Die Milch auf unter 50 °C herunterkühlen lassen.
2. Weizenmehl, Kartoffelmehl und Zucker in eine Schüssel sieben und die Hälfte der Milch nach und nach unter Rühren hinzugeben.
3. Die Eier verquirlen, in den Teig geben und unterrühren.
4. Die restliche Milch zugießen und alles zu einem glatten Teig vermengen.
5. Den Teig durch ein Sieb passieren, um eventuelle Klumpen zu entfernen. Die Schüssel mit Frischhaltefolie abdecken und etwa 1 Stunde bei Zimmertemperatur stehen lassen, damit sich der Teig beim Braten leichter verteilen lässt.
6. Eine Pfanne mit ein wenig Rapsöl bei mittlerer Temperatur erwärmen. Überschüssiges Öl mit Küchenpapier abwischen. Eine kleine Schöpfkelle Teig in die Pfanne geben und die Pfanne schnell drehen, sodass der ganze Boden mit Teig bedeckt ist. Nur so viel Teig hineingeben, dass die Crêpes möglichst dünn werden. Etwa 1 Minute braten. Wenn die Oberfläche matt geworden ist und der Rand

eine goldgelbe Farbe bekommen hat, ist es Zeit zu wenden. Da sie leicht zerreißen, sehr vorsichtig wenden. Ich benutze dazu einen Zahnstocher und meine Finger. Die andere Seite etwa 10 Sekunden braten. Aus dem gesamten Teig Crêpes braten, es sollten etwa 15–18 Crêpes entstehen. Unter Frischhaltefolie abkühlen lassen, damit sie nicht austrocknen.

MONTAGE

7. Sahne und Zucker in einer Schüssel mittelsteif schlagen.
8. Mit einer Tortenpalette eine dünne Schicht Sahne auf einen Crêpe streichen. Mit einem weiteren Crêpe abdecken. Nach und nach alle Crêpes mit Sahne bestreichen und aufeinanderlegen. Als Letztes am besten einen richtig schönen Crêpe auflegen.
9. Die ganze Torte mit Frischhaltefolie abdecken und mindestens 3 Stunden im Kühlschrank ruhen lassen. Dann wird sie saftiger und hält besser zusammen.
10. Die Aprikosenmarmelade mit Wasser vermischt aufkochen und durch ein Teesieb passieren. Die Torte mit der warmen Aprikosenmarmelade bestreichen. Gleich essen oder in Frischhaltefolie 2–3 Tage im Kühlschrank aufbewahren.

MILLE CRÊPES MIT SCHOKOLADE UND BANANE

Die bekannteste Mille Crêpes-Variante in Japan ist definitiv die neutrale, aber an zweiter Stelle kommt mit Sicherheit die mit Schokolade.

8 STÜCKE

evtl. Eis für ein Eiswasserbad

SCHOKOLADENCRÊPES

350 ml Vollmilch
20 g Butter
60 g Weizenmehl
20 g Kartoffelmehl
20 g Kakaopulver
40 g Zucker
120 g Ei (2–3 Eier)
Rapsöl zum Braten

SCHOKO-BANANEN-CREME

1 ½ Bananen (180 g)
120 g dunkle Schokolade
500 g Sahne, 40 %

MONTAGE

40 g Aprikosenmarmelade
10 ml Wasser
Kakaopulver

SCHOKOLADENCRÊPES

1. Milch und Butter in einem Topf erwärmen, bis die Butter schmilzt. Vom Herd nehmen und auf unter 50 °C abkühlen lassen.
2. Weizenmehl, Kartoffelmehl, Kakaopulver und Zucker in eine Schüssel sieben. Unter Rühren nach und nach die Hälfte der Milch hinzugeben.
3. Die Eier verquirlen, in den Teig geben und unterrühren. Den Rest der Milch dazugeben und alles zu einem glatten Teig verrühren.
4. Den Teig durch ein Sieb passieren, um eventuelle Klumpen zu entfernen. Anschließend die Schüssel mit Frischhaltefolie abdecken und etwa 1 Stunde bei Zimmertemperatur stehen lassen, damit sich der Teig beim Backen leichter verteilen lässt.

5. Eine Pfanne mit ein wenig Rapsöl bei mittlerer Temperatur erwärmen. Überschüssiges Öl mit Küchenpapier abwischen. Eine kleine Schöpfkelle Teig in die Pfanne geben und die Pfanne schnell schwenken, bis der ganze Boden mit Teig bedeckt ist. Nur so viel Teig hineingeben, dass die Crêpes möglichst dünn werden. Etwa 1 Minute braten. Wenn die Oberfläche matt geworden ist und der Rand eine goldgelbe Farbe bekommen hat, ist es Zeit zu wenden. Da sie leicht zerreißen, sehr vorsichtig wenden. Ich benutze dazu einen Zahnstocher und meine Finger. Die andere Seite etwa 10 Sekunden braten. Aus dem gesamten Teig Crêpes braten, es sollten etwa 15–18 Crêpes entstehen. Unter Frischhaltefolie abkühlen lassen, damit sie nicht austrocknen.

SCHOKO-BANANEN-CREME

6. Die Banane mit dem Stabmixer pürieren. Die Schokolade hacken und in einer Schüssel über einem etwa 50–60 °C warmen Wasserbad schmelzen.
7. ⅓ der Sahne in einem Topf aufkochen, die Schokolade hineingießen und glatt rühren. Das Bananenpüree dazugeben und untermischen. Mit der restlichen Sahne verrühren und die Creme anschließend durch ein Sieb passieren.
8. Die Creme im Kühlschrank abkühlen lassen. Für das beste Ergebnis sollte die Sahne etwa 5 °C haben, wenn sie für die Montage geschlagen wird.

MONTAGE

9. Die Creme am besten über einem Eiswasserbad steif schlagen und dann mit einer Tortenpalette dünn auf einem Crêpe verteilen. Nach und nach alle Crêpes mit Creme bestreichen und aufeinanderlegen. Als Letztes am besten einen richtig schönen Crêpe auflegen.
10. Die ganze Torte mit Frischhaltefolie abdecken und mindestens 3 Stunden im Kühlschrank ruhen lassen. Dann wird sie saftiger und hält besser zusammen.
11. Die Aprikosenmarmelade mit Wasser vermischt aufkochen und durch ein Teesieb passieren. Die Torte mit der warmen Aprikosenmarmelade bestreichen. Vor dem Servieren mit Kakaopulver bestreuen. Gleich essen oder in Frischhaltefolie 2–3 Tage im Kühlschrank aufbewahren.

MILLE CRÊPES MIT MATCHA

Mille Crêpes war in Japan vor 30 Jahren besonders populär, während der Durchbruch für diese Torte außerhalb des Landes etwas später kam. Auch bei uns gibt es viele Matcha-Liebhaber, die diese Variante sehr mögen.

8 STÜCKE

CRÊPES

350 ml Vollmilch
20 g Butter
60 g Weizenmehl
20 g Kartoffelmehl
10 g Matchapulver
40 g Zucker
120 g Ei (2–3 Eier)
Rapsöl zum Braten

MATCHA-SAHNE

2 ½ EL Matchapulver
3 EL Wasser
500 g Sahne, 40 %
50 g Zucker

MONTAGE

Matchapulver zum Dekorieren

CRÊPES

1. Milch und Butter in einem Topf erhitzen, bis die Butter schmilzt. Vom Herd nehmen und auf unter 50 °C herunterkühlen lassen.
2. Weizenmehl, Kartoffelmehl, Matchapulver und Zucker in eine Schüssel sieben und unter Rühren nach und nach die Hälfte der Milch hinzugeben.
3. Die Eier verquirlen, in den Teig geben und unterrühren. Den Rest der Milch dazugeben und alles zu einem glatten Teig verrühren.
4. Den Teig durch ein Sieb passieren, um eventuelle Klumpen zu entfernen. Anschließend die Schüssel mit Frischhaltefolie abdecken und etwa 1 Stunde bei Zimmertemperatur stehen lassen, damit sich der Teig beim Backen leichter verteilen lässt.
5. Eine Pfanne mit ein wenig Rapsöl bei mittlerer Temperatur erwärmen. Überschüssiges Öl mit Küchenpapier abwischen. Eine kleine Schöpfkelle Teig in die Pfanne geben und die Pfanne schnell drehen, sodass der ganze Boden mit Teig bedeckt ist. Nur so viel Teig hineingeben, dass die Crêpes möglichst dünn werden. Etwa 1 Minute braten. Wenn die Oberfläche matt geworden ist und der Rand eine goldgelbe Farbe bekommen hat, ist es Zeit zu wenden. Da sie leicht zerreißen, sehr vorsichtig wenden. Ich benutze dazu einen Zahnstocher und meine Finger. Die andere Seite etwa 10 Sekunden braten. Aus dem gesamten Teig Crêpes braten, es sollten etwa 15–18 Crêpes entstehen. Unter Frischhaltefolie abkühlen lassen, damit sie nicht austrocknen.

MATCHA-SAHNE

6. Das Matchapulver durch ein Teesieb in eine kleine Schüssel sieben. Das Wasser hinzugeben und zu einer glatten Paste verrühren.
7. Sahne und Zucker leicht schlagen. Etwa 100 g leicht geschlagene Sahne zur Matchapaste geben und zu einer glatten Masse verrühren. Zum Rest der Sahne zurückgießen und alles zu einer festen Sahne schlagen.

MONTAGE

8. Mit einer Tortenpalette eine dünne Schicht Sahne auf einen Crêpe streichen. Mit einem weiteren Crêpe abdecken. Nach und nach alle Crêpes mit Sahne bestreichen und aufeinanderlegen. Als Letztes am besten einen richtig schönen Crêpe auflegen.
9. Die ganze Torte mit Frischhaltefolie abdecken und mindestens 3 Stunden im Kühlschrank ruhen lassen. Dann wird sie saftiger und hält besser zusammen.
10. Vor dem Servieren mit Matchapulver bestreuen. Gleich essen oder in Frischhaltefolie 2–3 Tage im Kühlschrank aufbewahren.

GATEAU CHOCOLAT, 84

Gâteau Chocolat
ガトーショコラ

Der Begriff Gâteau au Chocolat hat in Frankreich eine breitere Bedeutung als in Japan. In Japan ist genau dieses Gebäck gemeint (allerdings ohne »au«). Es schmeckt reichhaltig und sehr schokoladig, hat aber gleichzeitig eine leichte Konsistenz. Die Risse an der Oberfläche sind ein Zeichen für einen gelungenen Kuchen.

Ich backe seit über 15 Jahren Gâteau Chocolat und ändere das Rezept manchmal etwas ab. Wenn Sie den Kuchen nach meinem Rezept probieren möchten, können Sie ihn wie unten beschrieben backen oder Sie besuchen das Café meiner Mutter in Tokio, wo er auch auf der Karte steht.

10 STÜCKE

Kuchenform, Ø 21 cm

TEIG

20 g Kartoffelmehl
95 g Kakaopulver
180 g dunkle Schokolade
95 g Sahne, 36–40 %
95 g Butter
95 g Eigelb (6 Eier)

BAISERMASSE

190 g Eiweiß (6 Eier), kühlschrankkalt
190 g Zucker

ZUM SERVIEREN

leicht geschlagene Sahne, Vanilleeis und etwas Beerensauce (optional)

TEIG

1. Den Backofen auf 170 °C (Ober-/Unterhitze) vorheizen. Kartoffelmehl und Kakaopulver zusammen in eine Schüssel sieben.
2. Backpapier für Boden und Rand der Form zuschneiden. Da der Kuchen hoch aufgehen soll, muss das Papier für den Rand etwa 3 cm höher sein als der Rand selbst.
3. Die Schokolade in einer Schüssel über einem heißen Wasserbad schmelzen. Sahne und Butter in einem Topf zum Kochen bringen. Wenn sie vollständig geschmolzen ist, die Butter in die Schokolade gießen. Zu einer glatten Masse verrühren und aus dem Wasserbad nehmen.
4. Ein Eigelb nach dem anderen unter Rühren in die Masse geben.

BAISERMASSE

5. Beim Schlagen einer Baisermasse ist es wichtig, dass Schüssel und Schneebesen gut gereinigt und frei von Fett sind. Das Eiweiß zu einem weißen Schaum schlagen. Ein Drittel des Zuckers hinzufügen. Weiter schlagen, bis der Zucker ganz untergemischt ist. Ein weiteres Drittel hinzufügen und weiterschlagen. Den letzten Zucker einrieseln lassen und weiter schlagen, bis ein fester, glänzender Schaum entstanden ist.
6. Ein Drittel der Baisermasse mit einem Teigspatel unter den Teig heben und rühren, bis dieser glatt ist.
7. Die Mehlmischung in die Masse geben und mit einem Teigspatel vermischen.
8. Den Rest der Baisermasse in zwei Portionen zugeben und vorsichtig, aber schnell mit dem Teigspatel unterheben, damit der Teig luftig bleibt.
9. Den Teig in die Backform geben und leicht schütteln, damit die Oberfläche glatt wird. In der Mitte des Ofens 40–50 Minuten backen. Mit einem Holzstäbchen prüfen, ob der Kuchen gar ist. Wenn kein Teig mehr daran klebt, ist er fertig.
10. Den Kuchen herausnehmen und etwas abkühlen lassen. In Frischhaltefolie einwickeln, damit er seine Feuchtigkeit behält.
11. Den Kuchen mit leicht geschlagener Sahne, Vanilleeis und einer Beerensauce nach Belieben servieren. Der Kuchen kann in der Folie 3–4 Tage im Kühlschrank aufbewahrt werden. Da die Schokolade im Kuchen im Kühlschrank härter wird, den Kuchen vor dem Servieren eine Weile bei Zimmertemperatur stehen lassen.

Gespritzte Matcha-Kekse

抹茶の絞り出しクッキー

Matcha kann in vielen Backwaren verwendet werden. Diese leckeren knusprigen Kekse sind einfach zu backen, haben eine schöne Form durch das Spritzen und eine schöne grüne Farbe. Erst bei hoher Temperatur backen, damit die Oberfläche fest wird und dann bei niedriger Temperatur weiterbacken, bis auch der Kern fertig ist.

15 KEKSE

100 g Butter, Zimmertemperatur
50 g Puderzucker
20 g Eiweiß (1 Ei)
80 g Weizenmehl
50 g Maisstärke
4 TL Matchapulver

1. Den Backofen auf 200 °C (Ober-/Unterhitze) vorheizen. Die Butter in einer Schüssel verrühren und den Puderzucker hinzufügen. Rühren, bis sich der Zucker auflöst.
2. Das Eiweiß nach und nach mit einem Schneebesen unterrühren.
3. Weizenmehl, Maisstärke und Matchapulver in einer Schüssel vermengen und dann in die Masse geben. Mit einem Teigspatel zu einem glatten Teig verrühren.
4. Den Teig in einen Spritzbeutel mit Sterntülle füllen. Kreise mit etwa 5 cm Durchmesser auf ein mit Backpapier ausgelegtes Backblech spritzen.
5. In der Mitte des Ofens 5 Minuten backen. Dann die Temperatur auf 150 °C senken und weitere 12–15 Minuten backen. Die Kekse sollten nicht zu dunkel werden, sonst verlieren sie die schöne grüne Matcha-Farbe. Wenn der Boden etwas Farbe bekommen hat, sind sie fertig. Herausnehmen und abkühlen lassen. Die Kekse können in einer Dose mit dicht schließendem Deckel bei Zimmertemperatur etwa 10 Tage aufbewahrt werden.

MATCHA CHOUX CREAM, 91

Choux Cream

シュークリーム

Der ursprünglich französische Brandteig Choux wird beim Backen hohl und dann mit viel Vanillecreme gefüllt. Es gibt andere Backwaren, die aus demselben Choux-Teig hergestellt werden, wie Eclair, Paris-Brest und Profiterole, aber in Japan ist Choux Cream die beliebteste. Es gibt kaum Yogashi-Konditoreien, die Choux Cream nicht in ihrer Kühltheke haben, und es wird auch oft in Lebensmittelgeschäften verkauft.

10 GEBÄCKSTÜCKE

Eis für das Eiswasserbad

PETITS CHOUX

50 g Weizenmehl
85 ml Wasser
45 g Butter, Zimmertemperatur
1 Prise Salz
2–3 Eier, Zimmertemperatur
Butter zum Bestreichen des Bleches
Mehl für das Blech
Ei zum Bestreichen

VANILLECREME

1 Vanilleschote
500 ml Vollmilch
110 g Eigelb (6–7 Eier)
100 g Zucker
40 g Maisstärke
20 g Butter

MONTAGE

200 g Sahne, 40 %
20 g Zucker
Puderzucker

PETITS CHOUX

1. Den Backofen auf 220 °C (Ober-/Unterhitze) vorheizen. Ein Backblech dünn mit Butter einfetten und mit etwas Weizenmehl bestauben. Eine Spritztüte mit runder Tülle mit 12 mm Durchmesser vorbereiten.
2. Das Mehl in eine Schüssel sieben.
3. Wasser, Butter und Salz in einem Topf (nicht antihaftbeschichtet) bei niedriger Temperatur erhitzen. Die Butter mit einem Teigspatel in kleinere Stücke teilen, während das Wasser aufkocht, sodass Wasser und Fett sich vermischen. Den Topf vom Herd nehmen, wenn das Wasser gekocht hat und die Butter geschmolzen ist.
4. Das gesiebte Mehl direkt in den Topf geben und mit dem Teigspatel gründlich zu einem glatten Teig mischen.
5. Den Topf wieder auf den Herd stellen und weiterrühren, bis sich der Teig von den Rändern löst und zu einer kompakten Masse wird. Einige Minuten lang weiter rühren, bis sich eine dünne, filmartige Schicht auf dem Boden des Topfes bildet. Dann sofort den Topf vom Herd nehmen und den Teig in eine saubere Schüssel geben.

6. Ein Ei hineingeben und kräftig umrühren. Auch wenn es zuerst nicht so aussieht, wird es nach einigem Rühren zu einem glatten Teig. Ein zweites und bei Bedarf auch ein drittes Ei hinzufügen und immer rühren, bis die Konsistenz stimmt. Die Menge der Eier kann von Mal zu Mal variieren, da sie vom Wassergehalt des Teigs nach dem Kochen und der Größe der Eier abhängt. Manchmal reichen 2 Eier, manchmal braucht man 3. Wenn der Teig langsam triangelförmig vom Teigspatel läuft, hat er die richtige Konsistenz.
7. Den noch warmen Teig in einen Spritzbeutel mit Tülle füllen und 10 Bällchen mit etwa 5 cm Durchmesser auf ein Backblech spritzen. Da ein fertiges Petit Choux etwa dreimal so groß wird, ist es wichtig, sie nicht zu dicht nebeneinander zu spritzen. Die Bällchen mit verquirltem Ei bestreichen oder mit Wasser besprühen.
8. Die Temperatur auf 200 °C senken und sie 10 Minuten in der Mitte des Ofens backen. Während des Backens auf keinen Fall die Backofentür öffnen, da sonst das Gebäck zusammensinkt. Die Temperatur auf 180 °C senken und weitere 15–20 Minuten backen, bis auch die Risse auf dem Gebäck gut gebräunt sind. Den Ofen ausschalten, aber das Gebäck noch etwa 10 Minuten im Ofen lassen, bis es vollständig fertig ist.

VANILLECREME

9. Die Vanilleschote längs aufschneiden und das Mark herauskratzen. Die Milch mit der Schote und dem Mark aufkochen.
10. Eigelb und Zucker in einer Schüssel von Hand schaumig schlagen. Die Maisstärke hineinsieben und vermischen.
11. Die Vanillemilch nach und nach unter Rühren in die Eimischung geben. Die Masse völlig glatt schlagen.
12. Alles wieder in den Topf abseihen, damit die Vanilleschote entfernt werden kann und die Masse glatt wird. Bei mittlerer Temperatur unter ständigem Rühren auf dem Boden des Topfes köcheln lassen, bis sie richtig eindickt. Vom Herd nehmen und die Butter hinzufügen. Rühren, bis die Butter vollständig geschmolzen ist und die Creme glänzend und glatt ist.
13. Die Creme in eine Schüssel geben und Frischhaltefolie direkt auf die Oberfläche legen, damit sich keine Haut bildet. Abkühlen lassen. Damit es schneller geht, kann auch ein Eiswasserbad verwendet werden. Die Vanillecreme im Kühlschrank aufbewahren.

MONTAGE

14. Sahne und Zucker schlagen. Die kalte Vanillecreme umrühren, bis sie glatt ist, dann in die Sahne einrühren. Die Oberseiten der Gebäckstücke abschneiden. Die Creme in einen Spritzbeutel geben und das Gebäck damit füllen. Die Deckel wieder aufsetzen und mit Puderzucker bestauben. Am selben Tag servieren. Wenn sie nicht sofort gegessen werden sollen, können sie in Frischhaltefolie eingewickelt und bis zum Kaffee in den Kühlschrank gestellt werden.

MATCHA CHOUX CREAM

Als ich mein Pop-up-Café gründete, fing ich an, Choux Cream mit Vanillecreme zu backen, die mit Matcha aromatisiert war, um das japanische Flair zu betonen. Wir Japaner lieben die Bitterkeit von Matcha und stellen oft fest, dass dem Matcha-Gebäck außerhalb Japans diese gute Bitterkeit fehlt. Ich verstehe jedoch, dass das für viele außerhalb Japans etwas ungewohnt ist. Wenn Sie also Matcha-Anfänger sind, empfehle ich, in diesem Rezept mit 10 g zu beginnen. Wenn Sie sich dann, wie ich, in Matcha verliebt haben, können Sie die Menge erhöhen.

10 GEBÄCKSTÜCKE

PETITS CHOUX

1 Satz Petits Choux, (siehe Seite 89)

MATCHACREME

1 Vanilleschote
500 ml Vollmilch
110 g Eigelb (6–7 Eier)
100 g Zucker
40 g Maisstärke
10–15 g Matchapulver, nach Geschmack
20 g Butter

MONTAGE

200 g Sahne, 40 %
20 g Zucker
Puderzucker
Matchapulver

PETITS CHOUX

1. Zubereitung nach Rezept auf Seite 89

MATCHACREME

2. Die Vanilleschote längs aufschneiden und das Mark herauskratzen. Die Milch mit der Schote und dem Mark aufkochen.
3. Eigelb und Zucker in einer Schüssel von Hand schaumig schlagen. Maisstärke und Matchapulver hineinsieben und umrühren.
4. Die Vanillemilch nach und nach unter Rühren in die Eimischung geben und alles zu einer glatten Masse schlagen.
5. Alles wieder in den Topf abseihen, damit die Vanilleschote entfernt werden kann und die Masse glatt wird. Bei mittlerer Temperatur unter ständigem Rühren auf dem Boden des Topfes köcheln lassen, bis sie richtig eindickt. Vom Herd nehmen und die Butter hinzufügen. Rühren, bis die Butter vollständig geschmolzen ist und die Creme glänzend und glatt ist.
6. Die Creme in eine Schüssel geben und Frischhaltefolie direkt auf die Oberfläche legen, damit sich keine Haut bildet. Abkühlen lassen. Damit es schneller geht, kann auch ein Eiswasserbad verwendet werden. Die Vanillecreme im Kühlschrank aufbewahren.

MONTAGE

7. Sahne und Zucker schlagen. Die kalte Matchacreme glatt rühren und dann in die Sahne einrühren. Die Oberseiten der Gebäckstücke abschneiden. Die Creme in einen Spritzbeutel geben und das Gebäck damit füllen. Die Deckel wieder aufsetzen und mit Puderzucker und Matchapulver bestauben. Am selben Tag servieren. Wenn sie nicht sofort gegessen werden sollen, können sie in Frischhaltefolie eingewickelt und bis zum Kaffee in den Kühlschrank gestellt werden.

菓子パン

KASHI — PAN

GRUNDTEIG KASHI-PAN

Das hier ist der Grundteig zum Backen von süßem japanischem Weizenbrot. Der Teig kann von Hand oder mit der Maschine geknetet werden, wählen Sie nachfolgend die entsprechenden Anweisungen. Der Teig fühlt sich anfangs sehr klebrig an, aber fügen Sie nicht gleich Mehl dazu. Wenn sich die Glutenstruktur im Teig durch das Kneten entwickelt hat, wird der Teig fester und geschmeidig. Die Menge an Wasser, die das Mehl aufnehmen kann, variiert je nach Saison und Mehlsorte, daher müssen Sie möglicherweise die Menge anpassen. Überprüfen Sie, ob der Proteingehalt des Mehls wirklich 12 % beträgt, bei einigen Sorten von Weizenmehl Spezial ist der Proteingehalt niedriger.

12 MILCHBRÖTCHEN

20 g Frischhefe
80 ml lauwarmes Wasser
60 ml Vollmilch, auf 40 °C erwärmt
30 g Ei (1 Ei)
80 g Zucker
300 g Weizenmehl Spezial, Proteingehalt 12 %
½ TL Salz
45 g Butter, Zimmertemperatur
Speiseöl für die Schüssel

KNETEN VON HAND

1. Die Hefe in eine große Schüssel bröseln und lauwarmes Wasser, Milch, Ei und die Hälfte des Zuckers einrühren. Rühren, bis sich die Hefe aufgelöst hat.
2. Mehl, Salz und den restlichen Zucker in einer separaten Schüssel mischen. In die Hefemischung geben und zu einem Teig verrühren.
3. Den Teig auf eine saubere Arbeitsfläche geben. Zu Beginn des Knetens einen Teigschaber verwenden, wenn der Teig noch klebrig ist. Den Teig mit dem Daumenballen mit dem ganzen Körpergewicht fest nach unten drücken, mit dem Teigschaber von der Arbeitsfläche lösen, drehen und die Bewegung wiederholen. Der Teig sieht zunächst sehr klebrig aus, aber noch kein weiteres Mehl hinzugeben. Erst wenn er nach 5 Minuten immer noch an den Händen oder an der Arbeitsfläche klebt, 1 EL Mehl hinzufügen. Mit der Entwicklung der Glutenstruktur hält der Teig immer besser zusammen. Wenn sich der Teig zu trocken anfühlt, eventuell 1 EL Wasser hinzufügen, aber wenn später die Butter untergemischt wird, wird der Teig wieder weicher.
4. Während des Knetens von Zeit zu Zeit den Teig aufnehmen und kräftig auf die Arbeitsfläche schlagen. Das ergibt eine noch stärkere Glutenstruktur. Nach 10 Minuten Kneten ist es Zeit, die Butter hinzuzufügen. Anfangs gleitet die Butter noch ungeknetet am Teig entlang, aber kräftig weiterkneten, dann hält der Teig bald zusammen und wird weich und glatt, aber nicht klebrig. Den Teig insgesamt etwa 15–20 Minuten kneten.
5. Die Glutenentwicklung im Teig durch Auseinanderziehen eines Teigrands mit den Händen testen. Lässt er sich zu einem dünnen und leicht transparenten Film ausziehen, ist er fertig geknetet.

MASCHINELLES KNETEN

6. Die Hefe in eine große Schüssel bröseln und lauwarmes Wasser, Milch, Ei und die Hälfte des Zuckers einrühren. Rühren, bis sich die Hefe aufgelöst hat.
7. Mehl, Salz und den restlichen Zucker in einer separaten Schüssel mischen. Zur Hefemischung geben und zu einem Teig verrühren.
8. Den Teig 10 Minuten mit einem Knethaken bearbeiten, dann die Butter hinzugeben und weitere 10–15 Minuten kneten. Wenn der Teighaken den Teig nicht gut erfasst, die Maschine stoppen und mit einem Teigspatel nachhelfen. Um die Glutenstruktur zu stärken, den Teig aufnehmen und 3–5 Minuten lang heftig auf die Arbeitsfläche werfen.

ERSTES GEHEN

9. Eine große Schüssel mit etwas Öl einfetten, damit sich der Teig nach dem Aufgehen leicht löst. Den Teig auf der Arbeitsfläche so formen, dass er rund wird und die Oberfläche glatt und straff ist. Die untere Seite des Teigs fest zusammendrücken und ihn mit der glatten Seite nach oben in die Schüssel legen. Die Schüssel mit Frischhaltefolie abdecken.
10. Den Teig an einem warmen Ort gehen lassen, bis er sich ungefähr verdoppelt hat. Die Zeit kann je nach Gehtemperatur variieren, optimal sind 25–35 °C, dann dauert es etwa 50–70 Minuten.
11. Wenn sich der Teig verdoppelt hat, testen, ob er aufgegangen ist. Dazu einen bemehlten Finger in den Teig drücken. Wenn der Teig nicht zurückfedert, ist er fertig gegangen.

TEILEN UND ZWEITES GEHEN

12. Den Teig vorsichtig auf die Arbeitsfläche legen und leicht mit den Händen zusammendrücken, damit die während des Gehens entstandenen Gase austreten.
13. Den Teig wiegen und berechnen, wie viel jedes Teigstück wiegen sollte, wenn der Teig in 12 Stücke geteilt wird. Den Teig vorsichtig strecken und mit einem Teigschaber aus Metall oder einem Messer zerteilen. Jedes Teigstück wiegen. Die Teigstücke nicht abreißen, da dies die Glutenstruktur beschädigt.
14. Aus den Teigstücken Kugeln formen, sodass die glatte Seite die Schnittenden umschließt. Wenn eine Kugel mehrere Teigstücke enthalten sollte, die kleineren Stücke in ein größeres wickeln. Anschließend die Hand formen, als ob Sie ein Ei halten würden, eine Teigkugel hineinlegen und auf der Arbeitsfläche rollen. Die Oberfläche soll gespannt sein. Die Unterseite der Kugel zusammenkneifen und fest verschließen, sodass die Spannung erhalten bleibt. Mit allen Teigkugeln wiederholen. Die Teigkugeln nach dem Rollen sofort in Frischhaltefolie einwickeln, damit sie nicht austrocknen.
15. Die Kugeln 10–15 Minuten ruhen lassen, das erleichtert das Formen im nächsten Schritt. Anschließend mit dem gewählten Rezept fortfahren.

Anpan

あんパン

Anpan besteht aus Kashi-pan-Teig mit einer Füllung aus Tsubu-an, einer Paste aus Adzukibohnen. Als Topping werden oft Mohn, schwarzer Sesam oder Kirschblüten verwendet. Anpan wurde 1874 von der Bäckerei Kimuraya in Tokio erfunden. Es kann auch mit anderer Bohnenpaste oder einer Paste aus Kürbis oder Kastanie gefüllt werden.

12 BRÖTCHEN

1 Satz Kashi-pan-Teig (siehe Seite 94), zu 12 Kugeln geformt

TSUBU-AN

540 g Tsubu-an (siehe Seite 127)

EIMISCHUNG ZUM BESTREICHEN

½ Ei

1 TL Vollmilch

GARNIERUNG

1 EL Mohn

FORMEN

1. Tsubu-an in 12 Stücke à 45 g teilen und zu runden Kugeln formen. Wenn die Tsubu-an-Masse zu feucht ist und sich nicht zu Kugeln formen lässt, kann sie in einem Topf oder in der Mikrowelle erwärmt werden, damit etwas Flüssigkeit verdunstet. Wenn sie im Gegenteil zu trocken ist, kann nach und nach etwas Wasser hinzugefügt werden, bis sie die richtige Konsistenz hat und besser geformt werden kann.
2. Die Kashi-pan-Kugeln leicht andrücken und zu Kreisen von etwa 11 cm Ø ausrollen.
3. Eine Tsubu-an-Kugel in die Mitte des Teigkreises legen. Den Teig strecken und oben zusammendrücken, sodass er die Kugel richtig umschließt. Es erinnert an die Technik für Daifuku auf Seite 143. Wird der Teig nicht richtig verschlossen, rinnt die Füllung beim Backen heraus.
4. Die Kugeln vorsichtig zwischen den Händen formen und auf ein mit Backpapier ausgelegtes Backblech legen. Die Kugeln gehen noch etwa auf die doppelte Größe auf und sollten sich dann nicht berühren. Eventuell werden zwei Backbleche benötigt. Frischhaltefolie dünn mit Öl einfetten und die Kugeln vorsichtig abdecken, damit sie nicht trocken werden, aber immer noch aufgehen können.

ZWEITES GEHEN

5. An einem warmen Ort gehen lassen, bis sich die Größe etwa verdoppelt hat. Die Zeit kann je nach Temperatur variieren, optimal sind 25–35 °C, dann dauert es etwa 50–80 Minuten. Den Backofen während des Gehens auf 190 °C (Ober-/Unterhitze) vorheizen.

BACKEN

6. Ei und Milch in einer kleinen Schüssel verrühren, am besten durchseihen, um Klumpen zu vermeiden. Dann dünn auf die Oberfläche der Brötchen pinseln. Nicht zu viel, sonst bleiben nach dem Backen Tropfenmuster zurück.
7. Mit dem Mohn belegen und in der Mitte des Ofens 7–8 Minuten backen, bis Oberfläche und Boden schön gebräunt sind. Am selben Tag essen. Bei Zimmertemperatur in Frischhaltefolie aufbewahren, wenn sie nicht sofort serviert werden.

Sakura Anpan

桜あんパン

Sakura bedeutet auf Japanisch Kirschblüte. Ein Sakura Anpan hat eine Blüte als Topping und eine Füllung aus weißer Bohnenpaste mit gehackten gesalzenen Kirschblättern, den sogenannten Sakura-an. Der Geschmack der Blätter und Blüten erinnert uns Japaner an die Ankunft des Frühlings.

12 BRÖTCHEN

KASHI-PAN

1 Satz Kashi-pan-Teig (siehe Seite 94), zu 12 Kugeln geformt

SAKURA-AN

9 gesalzene Kirschblätter (siehe Seite 131)
540 g Shiro-an (siehe Seite 129)
rote Lebensmittelfarbe

EIMISCHUNG ZUM BESTREICHEN

½ Ei
1 TL Vollmilch

GARNIERUNG

12 gesalzene Kirschblüten

SAKURA-AN

1. Die Kirschblätter abspülen und 30 Minuten einweichen. Gründlich mit Küchenpapier trocknen, fein hacken und mit Shiro-an vermischen. Die Paste mit Lebensmittelfarbe hellrosa färben. In 12 runde Kugeln teilen. Auch die Blüten zum Garnieren einweichen.

FORMEN

2. Die Kashi-pan-Kugeln leicht andrücken und zu Kreisen von rund 11 cm Ø ausrollen.
3. Eine Sakura-an-Kugel in die Mitte des Teigkreises legen. Den Teig strecken und oben zusammendrücken, sodass er die Kugel richtig umschließt. Es erinnert an die Technik für Daifuku auf Seite 143. Wird der Teig nicht richtig verschlossen, rinnt die Füllung beim Backen heraus.
4. Die Kugeln vorsichtig zwischen den Händen formen und auf ein mit Backpapier ausgelegtes Backblech legen. Die Kugeln gehen noch etwa auf die doppelte Größe auf und sollten sich dann nicht berühren. Eventuell werden zwei Backbleche benötigt. Frischhaltefolie dünn mit Öl einfetten und die Kugeln vorsichtig abdecken, damit sie nicht trocken werden, aber immer noch aufgehen können.

ZWEITES GEHEN

5. Die Brötchen an einem warmen Ort gehen lassen, bis sich die Größe etwa verdoppelt hat. Die Zeit kann je nach Temperatur variieren, optimal sind 25–35 °C, dann dauert es etwa 50–80 Minuten. Den Backofen während des Gehens auf 190 °C (Ober-/Unterhitze) vorheizen.

BACKEN

6. Ei und Milch in einer kleinen Schüssel verrühren, am besten durchseihen, um Klumpen zu vermeiden. Dann dünn auf die Oberfläche der Brötchen pinseln. Nicht zu viel, sonst bleiben nach dem Backen Tropfenmuster zurück. Eine Blüte mitten auf jedes Brötchen legen und etwas festdrücken.
7. In der Mitte des Ofens 7–8 Minuten backen, bis Oberfläche und Boden schön gebräunt sind. Am selben Tag essen. Bei Zimmertemperatur in Frischhaltefolie aufbewahren, wenn sie nicht sofort serviert werden.

Melonpan

メロンパン

Melonpan ist eines der klassischen Kashi-pan-Brötchen. Trotz des Namens enthält Melonpan normalerweise keine Melone, das Muster ähnelt jedoch der Schale einer Melone. Die Basis ist ein Kashi-pan-Teig, der mit knusprigem Mürbeteig bedeckt und in Zucker gewälzt wird. Ich habe schon ziemlich viele Melonpan-Enthusiasten getroffen, Leute, die Melonpan in japanischen Filmen, Manga oder Anime gesehen und sich beim Probieren darin verliebt haben. Im Pop-up-Café oder bei meinen Backkursen gehört Melonpan immer zu den beliebtesten Backwerken.

12 BRÖTCHEN

1 Satz Kashi-pan-Teig (siehe Seite 94), zu 12 Kugeln geformt

MELON-TEIG

60 g Butter, Zimmertemperatur
100 g Zucker
60 g Ei (1–2 Eier), verquirlt
1 TL geriebene Zitronenschale
1 TL Zitronensaft
200 g Weizenmehl

GARNIERUNG

40 g Zucker

MELON-TEIG

1. Butter und Zucker in einer Schüssel verrühren. Ei, Zitronensaft und Zitronenschale hineingeben. Das Mehl untermischen und alles zu einem Teig verrühren.
2. In 12 Stücke teilen und zu Kugeln formen. In Frischhaltefolien einwickeln und bis zum Formen bei Zimmertemperatur beiseitestellen.

FORMEN

3. Eine der Kashi-pan-Teigkugeln nehmen und vorsichtig mit der Hand auf die Arbeitsfläche drücken, damit die bei der Gärung entstandenen Gase herausgedrückt werden. Wieder zu einer Kugel mit gespannter Oberfläche formen. Den Boden fest zusammendrücken, damit er sich beim Gehen nicht öffnet. Mit allen Kugeln wiederholen.
4. Die Melon-Teigkugeln zu Kreisen mit einem Durchmesser von etwa 11 cm ausrollen. Einfacher geht es unter Frischhaltefolie. Eine Kashi-pan-Teigkugel auf einen ausgerollten Melon-Teigkreis legen und damit umwickeln, sodass alles außer dem Boden der Kugel mit Melon-Teig bedeckt ist. Leicht andrücken, damit es richtig zusammenhält.

GARNIEREN

5. Den Zucker zum Garnieren in eine kleine Schüssel geben. Eine Kugel mit den Fingerspitzen am Boden fassen und die Oberfläche in den Zucker tauchen. Anschließend so rollen, dass der gesamte Melon-Teig mit dem Zucker bedeckt ist. Mit allen Brötchen wiederholen.

6. Die Brötchen auf ein mit Backpapier ausgelegtes Backblech legen. Sie gehen noch etwa auf die doppelte Größe auf und sollten sich dann nicht berühren. Eventuell werden zwei Backbleche benötigt.
7. Mit einem Teigschaber aus Kunststoff ein Muster auf die Oberseite der Brötchen drücken.

ZWEITES GEHEN

8. Die Brötchen auf etwa die doppelte Größe gehen lassen. Sie brauchen nicht mit Frischhaltefolie abgedeckt zu werden. Die Zeit kann je nach Temperatur variieren, optimal sind 25–35 °C, dann dauert es etwa 50–80 Minuten. Den Backofen während des Gehens auf 170 °C (Umluft) vorheizen.

BACKEN

9. In der Mitte des Ofens 10–12 Minuten backen, bis Oberfläche und Boden hellbraun sind. Am selben Tag essen. Bei Zimmertemperatur in Frischhaltefolie aufbewahren, wenn sie nicht sofort serviert werden.

MATCHA MELONPAN

Melonpan können auf vielfältige Weise variiert werden, zum Beispiel mit Chocolate Chips im Teig oder mit einer Creme als Füllung. Oder man macht einfach wie ich hier eine Variante mit dem beliebten Matcha.

12 BRÖTCHEN

1 Satz Kashi-pan-Teig (siehe Seite 94), zu 12 Kugeln geformt

MATCHA MELON-TEIG

1 EL Matchapulver
1 EL Wasser
60 g Butter, Zimmertemperatur
100 g Zucker
60 g Ei (1–2 Eier), verquirlt
200 g Weizenmehl

GARNIERUNG

40 g Zucker

MATCHA MELON-TEIG

1. Das Matchapulver durch ein Teesieb in eine kleine Schüssel sieben. Das Wasser hinzufügen und verrühren.
2. Butter und Zucker in einer Schüssel vermengen. Ei und die Matchamischung hinzufügen. Das Mehl hineingeben und alles zu einem Teig verrühren.
3. Den Teig in 12 Stücke teilen und zu Kugeln formen. In Frischhaltefolie einwickeln und bis zum Formen bei Zimmertemperatur beiseitestellen.
4. Den Anweisungen für Melonpan auf Seite 101 ab Schritt 3 folgen.

Creampan

クリームパン

Creampan ist ein Kashi-pan mit Vanillecremefüllung. Zu Anfang war das Gebäck von Choux Cream inspiriert und wurde bereits 1904 verkauft. Heute ist Creampan eine der beliebtesten Varianten von Kashi-pan.

Die Vanillecreme dient als Füllung und sollte so fest sein, dass sie mit einem Teigschaber in Stücke geteilt werden kann. Wenn sie im Kühlschrank gestanden hat und immer noch klebrig ist, wurde sie nicht lange genug gekocht.

12 BRÖTCHEN

1 Satz Kashi-pan-Teig (siehe Seite 94), zu 12 Kugeln geformt

VANILLECREME

350 ml Vollmilch
1 Vanilleschote
70 g Eigelb (4 Eier)
100 g Zucker
35 g Weizenmehl
15 g Butter

EIMISCHUNG ZUM BESTREICHEN

½ Ei
1 TL Vollmilch
2 EL Mandelsplitter

VANILLECREME

1. Die Anleitung für die Vanillecreme auf Seite 64 befolgen.
2. Die Vanillecreme in eine Dose mit Deckel füllen, etwas abkühlen lassen und in den Kühlschrank stellen, bis sie kühlschrankkalt ist. In 12 Stücke teilen.

FORMEN

3. Eine der Teigkugeln nehmen und leicht mit der Hand auf die Arbeitsfläche drücken, damit die beim Gehen entstandenen Gase herausgedrückt werden. Zu einem Oval von 10 × 14 cm ausrollen, siehe Abbildung.
4. Ein wenig Vanillecreme in die Mitte einer Hälfte geben, den Rand unbedingt freilassen. Die kurzen Seiten aufeinander falten und die gesamte Kante fest zusammendrücken, damit sich das Gebäck im Ofen nicht öffnet. Mit allen Teigstücken wiederholen.
5. Mit einem Teigschaber aus Metall oder einem Messer 4 etwa 2 cm lange Schnitte in den Rand schneiden.
6. Die Brötchen auf ein mit Backpapier ausgelegtes Backblech legen. Sie gehen noch etwa auf die doppelte Größe auf und sollten sich dann nicht berühren. Eventuell werden zwei Backbleche benötigt.

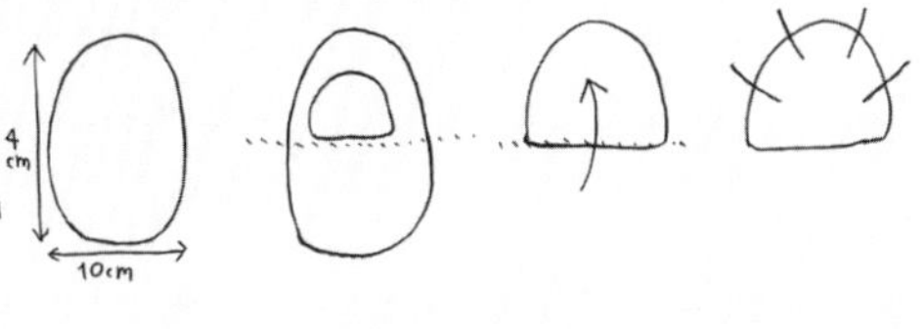

CREAMPAN, 103

CHOCO CORNET, 106

7. Frischhaltefolie dünn mit Öl einfetten und die Kugeln vorsichtig abdecken, damit sie nicht trocken werden, aber immer noch aufgehen können.

ZWEITES GEHEN

8. Die Brötchen an einem warmen Ort gehen lassen, bis sich die Größe etwa verdoppelt hat. Die Zeit kann je nach Temperatur variieren, optimal sind 25–35 °C, dann dauert es etwa 50–80 Minuten. Den Backofen während des Gehens auf 190 °C (Umluft) vorheizen.

BACKEN

9. Ei und Milch in einer kleinen Schüssel verrühren, am besten durchseihen, um Klumpen zu vermeiden. Dann dünn auf die Oberfläche der Brötchen pinseln. Nicht zu viel, sonst bleiben nach dem Backen Tropfenmuster zurück. Mit Mandelsplittern bestreuen. In der Mitte des Ofens 7–8 Minuten backen, bis Oberfläche und Boden eine schöne braune Farbe bekommen haben. Am selben Tag essen. Bei Zimmertemperatur in Frischhaltefolie aufbewahren, wenn sie nicht sofort serviert werden.

Choco Cornet

チョココロネ

Choco Cornet ist ein japanisches Gebäck aus der Meiji-Zeit (1868–1912). Choco bedeutet natürlich Schokolade und Cornet bedeutet Horn auf Französisch. Das Gebäck hat die Form eines Kegels, der mit Schokoladencreme gefüllt wird. Es gibt spezielle Cornet-Backformen aus Metall, aber auf Seite 146 zeige ich Ihnen, wie Sie Ihre eigenen Cornet-Formen aus Papier herstellen können.

12 GEBÄCKSTÜCKE

12 Cornet-Backformen, siehe Seite 146

KASHI-PAN

Kashi-pan-Teig (siehe Seite 94), in 12 Teile geteilt

SCHOKOLADENCREME

300 ml Vollmilch
50 g Eigelb (3 Eier)
60 g Zucker
25 g Weizenmehl
80 g dunkle Schokolade, gehackt

EIMISCHUNG ZUM BESTREICHEN

½ Ei
1 TL Vollmilch

FORMEN

1. Eine der Teigkugeln nehmen und leicht mit der Hand auf die Arbeitsfläche drücken, damit das beim Aufgehen entstandene Gas herausgedrückt wird. Ober- und Unterseite des Teigkreises zur Mitte hin falten, sodass sie zusammentreffen. Dann in der Mitte falten, siehe Abbildung. Die gesamte Öffnung fest zusammendrücken, damit sie sich nicht öffnet.

2. Das Teigstück in der Mitte beginnend auf der Arbeitsfläche mit den Händen zu einem 40 bis 45 cm langen Teigstrang rollen. Aber nicht gleich so lang ziehen, sondern immer nur ein wenig rollen und ihn dann eine Weile ruhen lassen. In der Zeit mit dem Ausrollen einer neuen Teigkugel beginnen.
3. Nun den Teigstrang in einer Spirale auf die Außenseite der Papierformen legen: einen Zeigefinger in das Loch der Form stecken. Das eine Ende des Teigstrangs mit dem Daumen derselben Hand festhalten. Den Teig, etwa 1 cm vom breiten Ende der Form beginnend, um die Form herumrollen. Die zweite Runde sichert das Ende der ersten Runde, damit das Ende sich nicht wie ein Schwanz löst, siehe Abbildung. Den Teig weiter vorsichtig um die Form legen, ohne ihn zu dehnen, insgesamt 5–6 Runden. Die Spirale 2–3 cm von der Spitze der Form entfernt beenden. Der übrige Raum oben und unten an der Form wird benötigt, damit der Teig auf die doppelte Größe aufgehen kann.
4. Die Hörnchen auf ein mit Backpapier ausgelegtes Backblech legen. Das Endstück nach unten legen und leicht andrücken, damit die Spirale beim Backen zusammenhält. Die Hörnchen werden etwa doppelt so groß und sollten daher mit genügend Abstand platziert werden. Eventuell müssen zwei Backbleche verwendet werden. Frischhaltefolie dünn mit Öl einfetten und die Hörnchen vorsichtig abdecken, damit sie nicht trocken werden, aber immer noch aufgehen können.

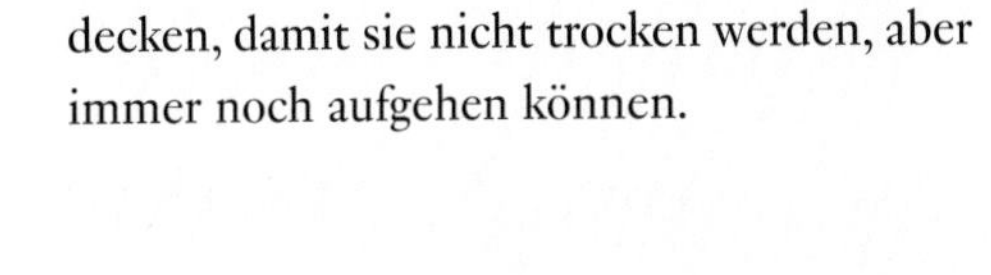

ZWEITES GEHEN

5. Die Hörnchen an einem warmen Ort gehen lassen, bis sich die Größe etwa verdoppelt hat. Die Zeit kann je nach Temperatur variieren, optimal sind 25–35 °C, dann dauert es etwa 50–80 Minuten.
6. Den Backofen während des Gehens auf 190 °C (Umluft) vorheizen.

BACKEN

7. Ei und Milch in einer kleinen Schüssel gut verrühren. Die Masse dünn auf die Oberfläche der Brötchen pinseln. Nicht zu viel, sonst bleiben nach dem Backen Tropfenmuster zurück.
8. In der Mitte des Ofens 7–8 Minuten backen, bis Oberfläche und Boden schön gebräunt sind. Die Formen entfernen.

SCHOKOLADENCREME

9. Die Milch auf etwa 60 °C erhitzen.
10. Eigelb und Zucker in einer Schüssel zu einer weißlichen Masse verquirlen. Das Weizenmehl unterrühren.
11. Die Milch unter ständigem Rühren hineingeben. Die Masse zurück in den Topf geben.
12. Bei hoher Temperatur unter kräftigem Rühren aufkochen, bis die Masse dick und glänzend ist.
13. Vom Herd nehmen und die Schokolade hineingeben.
14. Die Creme passieren, wenn die Schokolade geschmolzen ist, und mit Frischhaltefolie direkt auf der Oberfläche der Creme abdecken. Vollständig abkühlen lassen, am besten in einem Eiswasserbad.
15. Dann die Creme glatt rühren und mit einer Sternentülle in den Hohlraum der Cornets spritzen, wenn diese vollständig abgekühlt sind. Am besten noch am selben Tag essen.

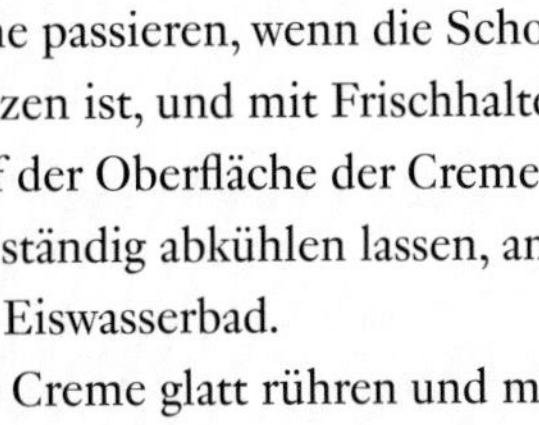

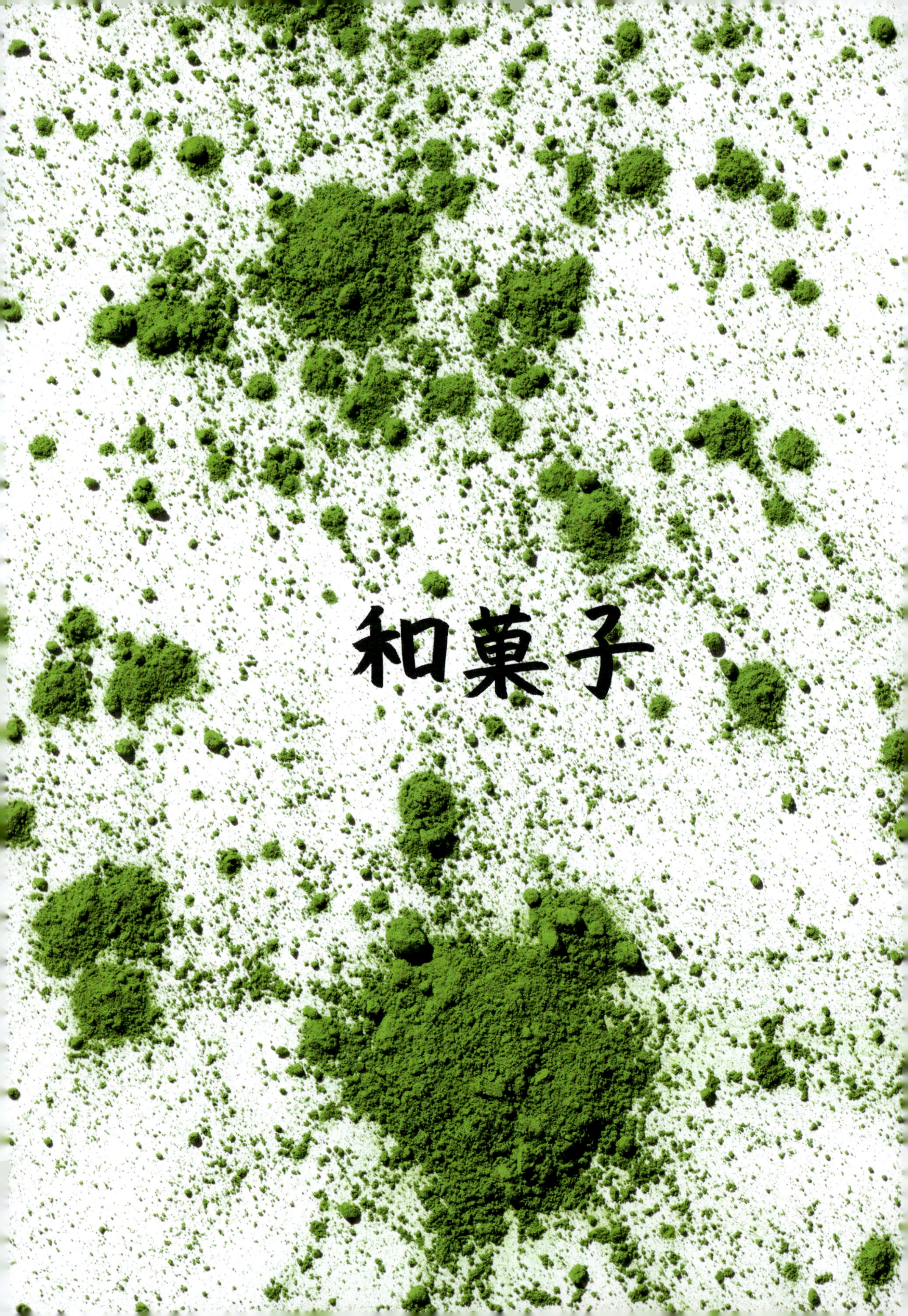

和菓子

WAGASHI

Dorayaki

どら焼き

Es heißt, dass der Name von dem Instrument Dora stammt, einem japanischen Becken. Es gibt zwei Hypothesen: Entweder, dass die Form des Gebäcks an eine Dora erinnert, oder dass man Dorayaki auf einer warmen Dora gebacken hat. Die weichen Kekse, die zu einer schönen Farbe gebacken werden, sind mit Tsubu-an, hausgemachter Adzukibohnenpaste, gefüllt.

10 KEKSE

TEIG

140 g Ei (3 Eier)
130 g Zucker
20 g Honig
10 g Mirin
½ TL Bikarbonat
1 TL Wasser
125 g Weizenmehl
25 g Kartoffelmehl
50–75 ml Wasser
Speiseöl zum Braten

FÜLLUNG

300 g Tsubu-an (siehe Seite 127). Wenn sie zu hart ist, etwas Wasser unterrühren.

1. Die Eier in eine Schüssel geben und mit dem Handmixer schlagen. Den Zucker hinzufügen und etwa 3 Minuten schlagen, bis die Masse etwas dicker und weißlich ist.
2. Honig und Mirin dazugeben und umrühren. Bikarbonat und 1 TL Wasser in einer kleinen Schüssel vermischen und dann in die Masse geben. Etwas rühren, bis die Masse glatt ist.
3. Weizen- und Kartoffelmehl in einer separaten Schüssel vermischen. Zu der Masse geben und schnell rühren, bis keine Klumpen mehr vorhanden sind.
4. Mit Frischhaltefolie bedecken und bei Zimmertemperatur etwa 30 Minuten stehen lassen.
5. Dann 50 ml Wasser hinzufügen. Etwas Teig von einem Löffel rinnen lasen, um die richtige Konsistenz zu testen. Wenn der Teig langsam herunterläuft, ist er richtig. Sollte er noch zu fest sein, etwas mehr Wasser hinzufügen.
6. Eine Pfanne bei mittlerer Temperatur erhitzen. Mit etwas Speiseöl einfetten und das Öl mit Küchenpapier abwischen, damit die Pfanne nur einen dünnen Fettfilm bekommt. Sie muss nicht zwischen den einzelnen Runden eingefettet werden. Je eine halbe Schöpfkelle Teig zu etwa 8 cm großen Kreisen gießen. Je nach Größe der Pfanne mehrere Kekse auf einmal backen, insgesamt 20 Stück.
7. Wenn kleine Blasen auf der Oberfläche des Gebäcks erscheinen, mit einem Bratenwender umdrehen. Es dauert etwa 1 Minute. Die andere Seite nur etwa 20 Sekunden backen, sonst werden die Kekse zu trocken. Am Anfang kann es etwas schwierig sein, die Kekse schön hinzubekommen, aber mit ein wenig Übung wird es besser. Die gebackenen Kekse in Frischhaltefolie einwickeln, damit sie nicht trocken werden.
8. Abkühlen lassen, die Folie entfernen und je 30 g Bohnenpaste auf 10 Kekse streichen. Die übrigen Kekse aufsetzen.
9. Die Dorayaki einzeln in Frischhaltefolie einpacken. Sie halten sich etwa 2 Tage bei Zimmertemperatur.

Shiratama Dango

白玉団子

Shiratama oder Shiratama Dango ist eine Art Reisgebäck. Der Name bedeutet weiße Kugel. Es wird aus einem speziellen Klebreismehl namens Shiratama-ko hergestellt. Shiratama-ko wird aus Klebreis hergestellt, genau wie normales Klebreismehl, aber hier werden die Reiskörner nicht einfach nur gemahlen: Der Reis wird zuerst mehrfach eingeweicht und gespült, dann zusammen mit Wasser gemahlen und die Stärke wird in mehreren Schritten von Verunreinigungen getrennt. Zum Schluss wird die verbleibende Stärke getrocknet und zerkleinert. Shiratama Dango aus diesem Mehl haben eine sehr glatte und seidige Textur.

Man findet dieses Mehl in einigen asiatischen Lebensmittelgeschäften oder in Online-Shops. Sie können es auch durch normales Klebreismehl ersetzen, auch wenn die Textur nicht ganz die gleiche ist.

Shiratama Dango kann auf viele Arten serviert werden, zum Beispiel mit Zenzai, einer süßen Adzukibohnensuppe, oder als Zunda Mochi mit zerkleinerten und gesüßten Edamamebohnen – hier zeige ich eine einfache und leckere Art: Shiratama mit Kinako. Kinako ist japanisches geröstetes Sojamehl. Achten Sie darauf, dass es wirklich japanisches geröstetes Sojamehl ist, es gibt viele Sojabohnenmehle, die nicht geröstet sind und nicht den richtigen Geschmack geben.

20 KLEINE KUGELN

100 g Shiratama-ko oder Klebreismehl
85–95 ml kochendes Wasser

ZUM SERVIEREN

2 EL Kinako, japanisches geröstetes Sojamehl
2 EL Rohrzucker
2 Prisen Salz

1. Das Reismehl in eine Schüssel geben und 60 ml kochendes Wasser hinzufügen. Mit der Hand kneten, und wenn das Mehl und das Wasser zusammenkleben, den Rest des Wassers nach und nach hinzufügen, dabei weiterkneten. Die benötigte Wassermenge kann je nach verwendetem Mehl variieren. Der Teig sollte nicht an der Hand oder an der Schüssel kleben. Gut kneten, bis der Teig glatt ist. Wasser in einem großen Topf zum Kochen bringen.
2. Den Teig in zwei Teile teilen und diese auf einem Schneidebrett zu Stangen rollen. Die Teigstangen in je 10 zylinderförmige Teile schneiden, sodass es insgesamt 20 Stück sind. Diese sollten gleich groß sein, damit sie beim Kochen zum selben Zeitpunkt fertig sind. Die Teigstücke zu Kugeln formen und diese in der Mitte ein wenig eindrücken, damit sie beim Kochen gleichmäßig garen.
3. Alle Kugeln vorsichtig in das kochende Wasser geben und einmal mit einem Holzlöffel umrühren, damit sie nicht am Boden des Topfes kleben. 2–3 Minuten kochen lassen. Wenn alle Kugeln an der Oberfläche schwimmen, noch 1 Minute kochen lassen. Dann mit einem Schaumlöffel herausnehmen und in eine Schüssel mit kaltem Wasser legen. Das Wasser einmal wechseln und die Kugeln abspülen, damit sie abkühlen.

4. Die Kugeln gut abtropfen lassen und auf Teller legen. In einer kleinen Schüssel Kinako, Zucker und Salz vermischen. Kurz vor dem Servieren die Mischung mit einem Löffel über die Shiratama-Kugeln streuen. Die Kugeln noch am selben Tag essen, frisch zubereitet schmecken sie am besten. Wenn sie eine Weile stehen müssen, nicht in den Kühlschrank stellen und vor dem Servieren erneut mit kaltem Wasser abspülen. Gut abgetropft und einzeln in Frischhaltefolie verpackt können sie auch eingefroren werden. Sie halten sich im Gefrierschrank etwa 2 Wochen. Die tiefgefrorenen Kugeln direkt in kochendes Wasser geben und etwa 5 Minuten erhitzen, bis sie wieder weich sind.

Ichigo Daifuku

苺大福

Dafür, dass es sich um ein Wagashi-Gebäck handelt, ist Ichigo Daifuku eine ziemlich moderne Erfindung. Viele Konditoreien behaupten, sie hätten es erfunden, aber sicher ist nur, dass es erst im 20. Jahrhundert auf der Bildfläche erschienen ist.

Ein klassisches Daifuku besteht nur aus Mochi und Bohnenpaste, Ichigo Daifuku hat auch eine frische Erdbeere (Ichigo) im Inneren. Das Verwenden von frischem Obst in Wagashi war wirklich eine Innovation, aber die Frische und Saftigkeit der Erdbeere verleihen diesem Backwerk einen leichten Geschmack. Einfach ein gutes Anfänger-Wagashi.

Um das Formen zu erleichtern, ist es gut, Erdbeeren zu wählen, die nicht zu groß oder sehr spitz sind. Der Mochi-Teig ist klebrig, aber wenn Sie beim Formen viel Kartoffelmehl verwenden, klebt er nicht so sehr an den Händen.

10 STÜCK

FÜLLUNG

10 Erdbeeren
300 g Bohnenpaste, Shiro-an oder Koshi-an, (siehe Seiten 129 und 128)

TEIG

100 g Klebreismehl
160 g Zucker
200 ml Wasser
Kartoffelmehl zum Formen

1. Die Erdbeeren säubern. Die Bohnenpaste in 10 Stücke teilen. Je eine Erdbeere in ein Stück Bohnenpaste wickeln und zu Kugeln rollen.
2. Klebreismehl und Zucker in einer mikrowellengeeigneten Glasschüssel vermischen. Wasser dazugeben und mit einem Schneebesen gut verrühren.
3. Den Teig bei 700 W 2 Minuten in der Mikrowelle garen, herausnehmen und mit einem Teigspatel umrühren. Nochmals 2 Minuten garen und umrühren. Ein drittes Mal für 2 Minuten in die Mikrowelle und wieder umrühren. Der Teig sollte nun klebrig und glänzend und die Farbe halbtransparent sein.
4. Reichlich Kartoffelmehl auf den Tisch streuen, den Teig darauf legen und diesen auch gut bemehlen. Mit einem Teigschaber in 10 Stücke teilen. Den Teig nicht vollständig abkühlen lassen, sobald er genug abgekühlt ist, um ihn mit den Händen zu bearbeiten, ist es Zeit fortzufahren. Ansonsten wird es schwieriger, ihn zu formen.
5. Je ein Teigstück mit den Händen dehnen und auf eine Erdbeerkugel legen. Die Kugeln einwickeln, dazu den Teig weiter dehnen, zusammenkneifen und dann die Kugeln auf den Kopf stellen, damit der Teig sie richtig umhüllt. Siehe Technik auf Seite 143.
6. Die Kugeln vorsichtig zwischen den Händen zu einer runden Form rollen. In Frischhaltefolie verpackt im Kühlschrank aufbewahren und am besten noch am selben Tag essen. Sie können nicht eingefroren werden.

Hanami Dango

花見団子

Dango ist ein Wagashi-Gebäck, das aus Reismehl besteht, das mit Wasser geknetet, gedämpft oder gekocht und auf Spieße aufgefädelt wird. Es gibt verschiedene Arten von Dango, aber den mit drei Farben haben schon viele gesehen, weil er auf den meisten Mobiltelefonen als Emoji verfügbar ist.

Hanami wird zum Picknick unter den Kirschbäumen gegessen. Die Farben Weiß, Rosa und Grün sollen auf die Ankunft des Frühlings anspielen. Der rosa Teig wird mit Blättern oder Blüten von Kirschen aromatisiert. Der grüne bekommt seine Farbe in Japan von einem speziellen Gras, aber hier habe ich stattdessen Matcha verwendet.

8 SPIESSE

8 Holzspieße, zugeschnitten auf 15 cm Länge

DANGO-TEIG

150 g Klebreismehl
70 g Reismehl
60 g Zucker
150–170 ml lauwarmes Wasser

ROSA

2 gesalzene Kirschblätter (siehe Seite 131) oder 6 gesalzene Kirschblüten
½ Prise rote Lebensmittelfarbe

GRÜN

1 TL Matchapulver
1 TL Wasser

1. Die Kirschblätter oder -blüten abspülen, etwa 30 Minuten einweichen und mit Küchenpapier trocken tupfen. Fein hacken.
2. Die Spieße einweichen. In einem großen Topf reichlich Wasser zum Kochen bringen. In einer Schüssel Klebreismehl, Reismehl und Zucker vermischen und etwa zwei Drittel des Wassers hinzufügen. Mit der Hand kneten. Wenn die Mehlmischung und das Wasser zusammenkleben, den Rest des Wassers nach und nach hinzufügen, dabei weiterkneten. Die benötigte Wassermenge kann je nach verwendetem Mehl variieren. Wenn der Teig nicht mehr an der Hand oder an der Schüssel klebt, ist er fertig. Gut kneten und den Teig in 3 Teile teilen.
3. Die gehackten Kirschblätter oder -blüten zusammen mit der Lebensmittelfarbe in einen der Teige kneten, bis er eine gleichmäßige rosa Farbe annimmt.
4. Das Matchapulver durch ein Teesieb sieben und mit 1 TL Wasser gut vermischen. Den Matcha in ein weiteres der Teigstücke kneten.
5. Je eine Rolle aus rosafarbenem, grünem und ungefärbtem Teig formen. Jede Rolle in 8 Stücke schneiden. Diese sollten die gleiche Größe haben, damit sie beim Kochen zur selben Zeit fertig werden. Jedes Teigstück zu einer runden Kugel formen.

6. Alle Kugeln der gleichen Farbe in kochendes Wasser legen und einmal mit einem Holzlöffel umrühren, damit sie nicht am Boden des Topfes kleben bleiben. Wenn alle Kugeln an der Oberfläche schwimmen, weitere 5 Minuten kochen. Alle Kugeln mit einem Schaumlöffel herausheben und in eine Schüssel mit kaltem Wasser geben. Das Wasser einmal wechseln und die Kugeln abspülen. Dann kühlen sie ab und die Konsistenz wird besser. Das Kochen mit den restlichen Farben wiederholen.
7. Die Kugeln gut abtropfen lassen und auf einen Spieß ziehen – das Grün unten, Ungefärbt in der Mitte und Rosa an der Oberseite. Mit Frischhaltefolie abdecken und bei Zimmertemperatur hinstellen. Am besten am selben Tag essen, da sie schnell aushärten. Sie lassen sich aber auch einfrieren, dann halten sie etwa 2 Wochen. Bei Zimmertemperatur etwa 2–3 Stunden auftauen.

Sakura Mochi

桜餅

Sakura Mochi ist ein Wagashi-Gebäck, das mit Bohnenpaste gefüllt und von einem gesalzenen Kirschblatt umhüllt ist. Sakura Mochi wird im Frühling gegessen, und je nach Region kann das Gebäck entweder mit einem Weizenmehlteig oder einem Reisteig mit dem Reismehl Domyoji-ko gebacken werden (siehe Seite 131). Meine Mutter kommt aus der Präfektur Aichi zwischen Kanto und Kansai, wo mit Domyoji-ko gebacken wird und deshalb backe ich auch Sakura Mochi im Kansai-Stil.

10 STÜCK

150 ml Wasser
60 g Zucker
100 g Domyoji-ko (siehe Seite 131)
rote Lebensmittelfarbe

FÜLLUNG UND GARNIERUNG

10 gesalzene Kirschblätter (siehe Seite 131)
200 g Koshi-an (siehe Seite 128)

SIRUP ZUM FORMEN DER KUGELN

30 ml Wasser
30 g Zucker

1. Die Kirschblätter abspülen und mindestens 30 Minuten in frischem Wasser einweichen. Mit Küchenpapier abwischen. Eventuelle lange Blattstiele abschneiden.
2. Koshi-an in 10 Stücke teilen und zu Kugeln rollen.
3. Wasser und Zucker für den Sirup in einem Topf oder in der Mikrowelle aufkochen, bis sich der Zucker aufgelöst hat.

TEIG

4. Wasser und Zucker in einer mikrowellengeeigneten Glasschüssel vermischen. Bei 700 W 90 Sekunden kochen, damit sich der Zucker auflöst. Domyoji-ko unterrühren und mit einem Teigspatel leicht umrühren, damit sich das Mehl auflöst. Einen Tropfen Lebensmittelfarbe nach dem anderen hinzufügen und zu einer hellrosa Farbe mischen. Darauf achten, nicht zu viel Farbe hineinzugeben, denn dann wird es nicht elegant.
5. Die Schüssel mit Frischhaltefolie abdecken, die der Mikrowelle standhält. 10 Minuten stehen lassen, damit das Mehl das Wasser aufnimmt. Leicht und schnell umrühren, erneut mit Frischhaltefolie abdecken und bei 700 W 4 Minuten garen. 10 Minuten mit der Folie darauf ruhen lassen.
6. Den Teig in 10 Stücke teilen. Die Hände mit etwas Sirup befeuchten und die Teigstücke zu Kugeln formen. Der Zuckersirup verhindert, dass der Teig klebt.
7. Die Teigkugeln jeweils zu einem Kreis von 7 cm Durchmesser drücken. Eine Koshi-an-Kugel in die Mitte des Teigkreises legen und mit dem Teig einwickeln. Ein Trick dafür ist, den Teig zwischen zwei Stücke Frischhaltefolie zu legen und auf die Folie zu drücken. Dann die obere Folie entfernen, Koshi-an auflegen und mit der Folie auf der Außenseite des Teigs einwickeln.
8. Die Kugel in ein Kirschblatt einrollen. Das Gebäck noch am selben Tag essen. Wenn sie nicht sofort serviert werden, die Kugeln in Frischhaltefolie einwickeln und bei Zimmertemperatur hinstellen.

NAGASAKI CASTELLA, 122

KOMUGI MANJU, 123

Nagasaki Castella

長崎カステラ

Castella sieht auf den ersten Blick wie ein Gebäck aus, das aufgrund des biskuitkuchenartigen Aussehens und der Tatsache, dass es mit Eiern und Weizenmehl hergestellt wird, zu den moderneren Yogashi gehören sollte. Aber die Geschichte dieses Gebäcks reicht bis in die Mitte des 16. Jahrhunderts zurück. Als Missionare aus Portugal nach Nagasaki kamen, brachten sie Gebäck mit, von dem angenommen wird, dass es der Vorläufer von Castella ist. Spanische Bizcocho und portugiesische Pão de ló sind Gebäcksorten, die vielleicht dazu inspiriert haben, aber die heutigen japanischen Castella unterscheiden sich sowohl im Aussehen als auch in der Art der Herstellung. Das Gebäck hat sich im ganzen Land verbreitet und ist ein beliebtes Wagashi.

Castella wird mit viel Baisermasse und ohne Backtriebmittel gebacken. Darüber hinaus enthält es kein Backfett, sondern wird saftig durch die große Menge an Zucker, die die Feuchtigkeit hält. In Japan wird für den Boden eine Zuckerart namens Zaram verwendet, die ich hier durch Hagelzucker ersetzt habe. Die Kuchen werden in der Regel in eine rechteckige Form geschnitten und gerne als Geschenk verwendet.

10–12 SCHEIBEN

rechteckige Form, 20 cm x 20 cm x 8 cm oder
2 Brotformen, 25 cm lang

TEIG

50 g Hagelzucker
100 g Honig
60 ml kochendes Wasser
270 g Eiweiß (8 Eier), kühlschrankkalt
250 g Kristallzucker
190 g Eigelb (10 Eier)
200 g Weizenmehl Spezial

1. Den Backofen auf 160 °C (Ober-/Unterhitze) vorheizen. Backpapier zuschneiden und den Boden und die Seiten der Backform auslegen. Eine Schicht Hagelzucker auf den gesamten Boden streuen. Ein weiteres Backpapier zuschneiden, das der Größe der Backform entspricht, auf das der Kuchen später gewendet wird.
2. Den Honig mit dem kochenden Wasser vermengen.
3. Es ist wichtig, dass das Eiweiß (es darf keine Spuren von Eigelb enthalten) kühlschrankkalt ist und dass die Schüssel und der Schneebesen gut gesäubert und mit einem sauberen Tuch oder Papier abgetrocknet wurden. Das Eiweiß mit hoher Geschwindigkeit zu einem Schaum verquirlen. Den Zucker in drei Teilen hinzugeben, den ersten, wenn das Eiweiß einen deutlichen Schaum gebildet hat. Zwischen den Portionen gründlich rühren und nach Zugabe des gesamten Zuckers mit hoher Geschwindigkeit weiterrühren, bis ein fester, glänzender Schaum entsteht.
4. Das Eigelb in einer separaten Schüssel verquirlen. Die Hälfte des Eigelbs zum Eiweiß geben und glatt schlagen. Das restliche Eigelb hinzufügen und erneut schlagen, bis die Masse glatt ist.
5. Die Honigflüssigkeit in den Teig gießen.
6. Die Hälfte des Weizenmehls in den Teig sieben und mit einem Teigspatel zu einem glatten Teig verrühren. Das restliche Mehl dazu

sieben und wieder alles zu einem glatten Teig verrühren.

7. Den Teig durch ein Sieb in eine andere Schüssel passieren, damit die Luftblasen im Teig noch feiner und gleichmäßiger werden, sodass der Teig sich im Ofen nicht zu stark hebt.
8. Etwas Teig in die Auflaufform geben und so verteilen, dass der Perlzucker am Boden vollständig bedeckt ist. Dann den Rest des Teigs hineingießen. Die Form etwa 10 Mal aus 5 cm Höhe auf den Küchentisch fallen lassen, damit größere Luftblasen an die Oberfläche kommen und den Teig flach machen. Vorsichtig mit einem Spieß oder Zahnstocher umrühren, dann verschwinden eventuelle Luftblasen im Teig.
9. Im unteren Teil des Ofens backen, 2 Brotformen etwa 60–70 Minuten, eine große Form 70–80 Minuten backen. Nach dem Backen die Form aus etwa 20 cm Höhe auf den Küchentisch fallen lassen, um Wasserdampf aus dem Kuchen zu entfernen. Das verhindert, dass der Kuchen zusammenfällt.
10. Frischhaltefolie auf dem Tisch ausbreiten und das geschnittene Backpapier auf die Folie legen. Die Form umgedreht auf das Papier stellen und abheben. Das Backpapier vom Boden und von den Rändern des Kuchens entfernen und den gesamten Kuchen mit Frischhaltefolie bedecken. 6–12 Stunden bei Zimmertemperatur ruhen lassen. So wird der Kuchen saftig und die Oberfläche flach.
11. Die Ränder abschneiden, damit der Kuchen eine schöne rechteckige Form bekommt. Der Kuchen hält sich in Frischhaltefolie eingewickelt 2–3 Tage bei Zimmertemperatur. Er kann auch in mit Frischhaltefolie umwickelten Portionsstücken tiefgefroren werden und hält sich dann etwa 1 Monat.

Komugi Manju

小麦饅頭

Manju ist ein Gebäck, das seinen Ursprung im chinesischen Dim Sum und den gedämpften Broten Mantou hat. Mantou war ursprünglich mit Fleisch gefüllt, aber als das Gebäck im 14. Jahrhundert nach Japan kam, aßen die japanischen Mönche kein Fleisch, sodass sie das Fleisch durch Bohnenpaste ersetzten. Manju gibt es in vielen Variationen. Das hier ist ein klassisches Rezept. Die Kombination der beiden Farben Rosa und Weiß eignet sich gut für festliche Anlässe, sodass es gerne bei Abitur- und Hochzeitsfeiern verschenkt wird.

8 GEBÄCKSTÜCKE

TEIG

70 g Zucker
40 ml Wasser
¼ Prise rote Lebensmittelfarbe für rosa Manju
70 g Weizenmehl
30 g Kartoffelmehl
1 Prise Backpulver

FÜLLUNG

160 g Bohnenpaste, Tsubu-an oder Koshi-an (siehe Seiten 127 und 128)
Kartoffelmehl zum Formen

1. Reichlich Wasser in einem großen Topf aufkochen, auf den ein Bambusdämpfer passt. Backpapier für den Boden des Bambusdämpfers zuschneiden.
2. Zucker und Wasser in einem Topf zum Kochen bringen. Wenn der Zucker geschmolzen ist, vom Herd nehmen und den Sirup vollständig abkühlen lassen. Die rote Lebensmittelfarbe zum Sirup hinzufügen, wenn rosa Manju hergestellt werden soll.
3. Weizenmehl, Kartoffelmehl und Backpulver in eine Schüssel sieben. Den Zuckersirup in die Mehlmischung einrühren und zu einem Teig verrühren. Nicht zu viel kneten. In Frischhaltefolie einwickeln und 30 Minuten bei Zimmertemperatur ruhen lassen.
4. Den Teig auf eine mit Kartoffelmehl bemehlte Arbeitsfläche legen und in 8 Stücke teilen.
5. Die Bohnenpaste in 8 Stücke à 20 g teilen und zu Kugeln rollen. Eine Sprühflasche mit Wasser vorbereiten.
6. Da der Manju-Teig sehr klebrig ist, sollten die Hände und Teigstücke auf beiden Seiten gut bemehlt werden. Zu dünnen runden Kreisen mit einem Durchmesser von etwa 6 cm abflachen. Die Mitte etwas dicker und die Kante dünner machen, dann wird es einfacher, sie schön zu formen. Jeweils einen Teigkreis auf die Hand legen und eine Kugel Bohnenpaste in die Mitte platzieren. Die Bohnenpaste in den Teig einwickeln und die Öffnung verschließen, siehe Technik auf Seite 142. Mit der Öffnung nach unten hinlegen. Den Vorgang mit allen Teigstücken wiederholen.
7. Die Manju auf das Backpapier in den Dampfgarer legen, siehe Seite 143. Sie gehen beim Dämpfen auf etwas mehr als die doppelte Größe auf. Wenn nicht alle auf einmal in den Dampfgarer passen, können sie in zwei Chargen gedämpft werden. In diesem Fall ein nasses Küchentuch über die noch nicht gedämpften Manju legen.
8. Wasser über das Gebäck sprühen, den Deckel auflegen und bei hoher Temperatur etwa 5 Minuten dämpfen. Dann auf mittlere Temperatur senken und weitere 5 Minuten dämpfen.
9. Das Gebäck vorsichtig herausnehmen und auf einem Gitter etwas abkühlen lassen. Dann jeden Manju mit Frischhaltefolie bedecken, solange sie noch etwas warm sind, damit sie feucht bleiben.
10. Bei Zimmertemperatur stehen lassen und am selben Tag essen. Manju schmecken am besten frisch gedämpft und etwas warm. Sie können auch wieder aufgewärmt werden. In diesem Fall mit Wasser besprühen und etwa 15 Sekunden in der Mikrowelle erhitzen oder etwa 3 Minuten dämpfen. Sie können eingefroren werden, aber nicht länger als etwa 2 Wochen. Dann bei Zimmertemperatur 1–2 Stunden auftauen lassen.

RIKYU MANJU

Der japanische Zen-buddhistische Mönch und Teemeister Sen no Rikyu lebte im 16. Jahrhundert und ist bekannt als derjenige, der die Teezeremonie perfektionierte. Er liebte Manju aus dunklem Muscovado-Zucker, und es wird gesagt, dass sie nach ihm benannt sind.

10 GEBÄCKSTÜCKE

TEIG

70 g Muscovadozucker
35 ml Wasser
80 g Weizenmehl
20 g Kartoffelmehl
1 ½ Prisen Bikarbonat

FÜLLUNG

200 g Bohnenpaste, Tsubu-an oder Koshi-an, (siehe Seiten 127 und 128)
Kartoffelmehl zum Formen

1. Reichlich Wasser in einem großen Topf aufkochen, auf den ein Bambusdämpfer passt. Backpapier für den Boden des Bambusdämpfers zuschneiden.
2. Zucker und Wasser in einem Topf bei niedriger Temperatur erwärmen und mit einem Teigspatel umrühren. Nicht zum Kochen bringen. Vom Herd nehmen und durch ein Sieb seihen, wenn der Zucker geschmolzen ist. Den Zuckersirup vollständig abkühlen lassen.
3. Weizenmehl, Kartoffelmehl und Bikarbonat in eine Schüssel sieben. Den Zuckersirup in die Mehlmischung einrühren und zu einem Teig vermengen. Nicht zu viel kneten. In Frischhaltefolie einwickeln und 30 Minuten bei Zimmertemperatur ruhen lassen.
4. Den Teig auf eine mit Kartoffelmehl bemehlte Arbeitsfläche legen und in 10 Stücke teilen.
5. Die Bohnenpaste in 10 Stücke à 20 g teilen und zu Kugeln rollen. Eine Sprühflasche mit Wasser vorbereiten.
6. Da der Manju-Teig sehr klebrig ist, sollten die Hände und Teigstücke auf beiden Seiten gut bemehlt werden. Zu dünnen runden Kreisen mit einem Durchmesser von etwa 6 cm abflachen. Die Mitte etwas dicker und die Kante dünner machen, dann wird es einfacher, sie schön zu formen. Jeweils einen Teigkreis auf die Hand legen und eine Kugel Bohnenpaste in die Mitte platzieren. Die Bohnenpaste in den Teig einwickeln und die Öffnung verschließen, siehe Technik auf Seite 142. Mit der Öffnung nach unten hinlegen. Den Vorgang mit allen Teigstücken wiederholen.
7. Die Manju auf das Backpapier in den Dampfgarer legen, siehe Seite 143. Sie gehen beim Dämpfen auf etwas mehr als die doppelte Größe auf. Wenn nicht alle auf einmal in den Dampfgarer passen, können sie in zwei Chargen gedämpft werden. In diesem Fall ein nasses Küchentuch über die noch nicht gedämpften Manju legen.
8. Wasser über das Gebäck sprühen, den Deckel auflegen und bei hoher Temperatur etwa 5 Minuten dämpfen. Dann auf mittlere Temperatur senken und weitere 5 Minuten dämpfen.
9. Das Gebäck vorsichtig herausnehmen und auf einem Gitter etwas abkühlen lassen. Dann jeden Manju mit Frischhaltefolie bedecken, solange sie noch etwas warm sind, damit sie feucht bleiben.
10. Bei Zimmertemperatur stehen lassen und am selben Tag essen. Manju schmecken am besten frisch gedämpft und leicht warm. Sie können auch wieder aufgewärmt werden. In diesem Fall mit Wasser besprühen und etwa 15 Sekunden in der Mikrowelle erhitzen oder etwa 3 Minuten dämpfen. Sie können eingefroren werden, aber nicht länger als etwa 2 Wochen. Dann bei Zimmertemperatur 1–2 Stunden auftauen lassen.

RIKYU MANJU, 125

TSUBU-AN
ADZUKIBOHNENPASTE

Tsubu-an ist eine Adzukibohnenpaste, bei der die Schalen der Bohnen in der Paste belassen werden. Es ist die einfachste Bohnenpaste, die man zu Hause zubereiten kann, und wird neben Wagashi auch in Anapan verwendet (siehe Seite 97).

ETWA 700 G

250 g getrocknete Adzukibohnen
200 ml Wasser
250 g Zucker
25 g Glukosesirup

1. Beschädigte oder verfärbte Bohnen entfernen. Die Bohnen gründlich spülen. Adzukibohnen müssen nicht eingeweicht werden.
2. Die Bohnen in einen Topf geben und diesen mit Wasser füllen, bis sie gerade bedeckt sind. Bei hoher Temperatur zum Kochen bringen und dann sofort etwa 1 Liter kaltes Wasser hineingießen, um die Temperatur schnell auf 50–60 °C zu senken. Einen Teil des Wassers abgießen, sodass die Bohnen gerade bedeckt sind. Auf niedrige bis mittlere Temperatur senken, damit die Bohnen sehr langsam köcheln, ohne sich zu sehr im Topf zu bewegen. In diesem Arbeitsschritt sollen die Bohnenschalen nicht beschädigt werden. Die Bohnen sollen immer mit Wasser bedeckt sein, daher bei Bedarf Wasser aufgießen und sich bildenden Schaum abschöpfen.
3. Köcheln lassen, bis die Bohnen Wasser aufgenommen haben und leicht aufgequollen sind. In der Regel dauert das 40–60 Minuten. Die Oberfläche der Bohnen sollte nicht faltig aussehen. Das Wasser vorsichtig abgießen, damit die Bohnen nicht beschädigt werden. Die Bohnen gründlich abspülen, um den Schaum zu entfernen. Damit verschwinden die aus den Bohnen gelösten Bitterstoffe.
4. Die Bohnen wieder in den Topf geben, mit reichlich Wasser auffüllen und bei mittlerer Temperatur köcheln lassen, bis sie weich sind. Die Bohnen müssen ständig in reichlich Wasser kochen, daher bei Bedarf nachfüllen. Sie sind fertig, wenn alle Bohnen aufgesprungen sind und leicht zwischen den Fingern zerquetscht werden können. Das dauert in der Regel 60–80 Minuten.
5. Ein Sarashi oder ein Küchentuch in ein Sieb legen. Die Bohnen portionsweise in das Tuch legen, einwickeln und vorsichtig leicht an-, aber nicht zerdrücken.
6. Die Bohnen wieder in den Topf geben und 200 ml Wasser und Zucker hinzufügen. Erwärmen und dabei mit einem Holzlöffel umrühren, damit der Zucker schmilzt. Den Topf vom Herd nehmen, wenn die Mischung zu kochen beginnt. Abkühlen lassen und 4–8 Stunden im Topf stehen lassen. Beim Abkühlen dringt die Süße in die Bohnen ein.
7. Dann bei mittlerer bis hoher Temperatur unter ständigem Rühren erneut erhitzen. Den Glukosesirup hinzufügen und schmelzen lassen. Kochen, bis die Bohnenpaste dicker und glänzend wird. Sie ist fertig, wenn sie so dick ist, dass man sie mit dem Holzspatel zusammenschieben kann, ohne dass sie wieder auseinanderläuft.
8. Die Bohnenpaste in einer Auflaufform oder auf einem Teller verteilen, dann kühlt sie schnell ab. Mit Frischhaltefolie abdecken und in einen Plastikbeutel legen. Kann im Kühlschrank für 5–7 Tage oder im Gefrierschrank etwa 1 Monat gelagert werden.

KOSHI-AN
PASSIERTE ADZUKIBOHNENPASTE

Diese Bohnenpaste wird ebenfalls aus Adzukibohnen hergestellt, jedoch durch ein Sieb und ein feinmaschiges Mehlsieb passiert, um die Schalen der Bohnen zu entfernen. Das Ergebnis ist eine Paste mit einer sehr glatten und eleganten Textur. Daher wird sie oft als Füllung in Wagashi-Gebäck bei Teezeremonien verwendet.

ETWA 500 G

250 g getrocknete Adzukibohnen
200 g Zucker

1. Beschädigte oder verfärbte Bohnen entfernen. Die Bohnen gründlich spülen. Adzukibohnen müssen nicht eingeweicht werden.
2. Die Bohnen in einen Topf geben und diesen mit Wasser füllen, bis sie gerade bedeckt sind. Bei hoher Temperatur zum Kochen bringen und dann sofort etwa 1 Liter kaltes Wasser hineingießen, um die Temperatur schnell auf 50–60 °C zu senken. Einen Teil des Wassers abgießen, sodass die Bohnen gerade bedeckt sind. Auf niedrige bis mittlere Temperatur senken, damit die Bohnen sehr langsam köcheln, ohne sich zu sehr im Topf zu bewegen. In diesem Arbeitsschritt sollen die Bohnenschalen nicht beschädigt werden. Die Bohnen sollen immer mit Wasser bedeckt sein, daher bei Bedarf Wasser aufgießen und sich bildenden Schaum abschöpfen.
3. Köcheln lassen, bis die Bohnen Wasser aufgenommen haben und leicht aufgequollen sind. In der Regel dauert das 40–60 Minuten. Die Oberfläche der Bohnen sollte nicht faltig aussehen. Das Wasser vorsichtig abgießen, damit die Bohnen nicht beschädigt werden. Die Bohnen gründlich abspülen, um den Schaum zu entfernen. Damit verschwinden die aus den Bohnen gelösten Bitterstoffe.
4. Die Bohnen wieder in den Topf geben, mit reichlich Wasser auffüllen und bei mittlerer Temperatur köcheln lassen, bis sie weich sind. Die Bohnen müssen ständig in reichlich Wasser kochen, daher bei Bedarf nachfüllen. Sie sind fertig, wenn alle Bohnen aufgesprungen sind und leicht zwischen den Fingern zerquetscht werden können. Das dauert in der Regel 60–80 Minuten.
5. Den Topf vom Herd nehmen und einen Teil der Bohnen in ein Sieb über einer Schüssel geben. Die Bohnen mithilfe einer Schöpfkelle durch das Sieb passieren. Wasser über die Bohnen im Sieb gießen, sodass das Innere der Bohnen durch das Sieb gespült wird und nur die Schalen der Bohnen im Sieb verbleiben. Die Schalen wegwerfen und alles mit den restlichen Bohnen wiederholen.
6. Die Bohnenflüssigkeit durch ein feinmaschiges Mehlsieb passieren, damit die Konsistenz noch feiner und glatter wird. Wasser in einem dünnen Strahl über die Bohnen geben, dann wird es leichter. Am besten nacheinander durch drei unterschiedlich feine Siebe passieren und mit dem feinsten enden.
7. Die Bohnenflüssigkeit eine Weile stehen lassen, damit die Bohnenmasse auf den Boden der Schüssel sinkt. Das Wasser vorsichtig abgießen, damit die Bohnenmasse nicht mitfolgt. Wieder Wasser hinzufügen, umrühren und erneut stehen lassen, bis die Bohnenmasse zu Boden sinkt, und das Wasser wieder abgießen. Das Spülen 3–4 mal wiederholen, bis das Wasser durchsichtig ist.

8. Ein Sarashi oder ein dünnes Küchentuch in ein Sieb legen und einen Teil der Bohnenflüssigkeit in das Tuch gießen. Kräftig zusammendrücken, sodass das Wasser ausgepresst wird und nur die Bohnenpaste im Tuch verbleibt. Den Vorgang mit der gesamten Bohnenflüssigkeit wiederholen.
9. Die Hälfte der Bohnenpaste zusammen mit dem Zucker in einen gut gereinigten Topf geben und mit einem Holzspatel gut vermischen. Bei hoher Temperatur unter kräftigem Rühren erwärmen, sodass der Zucker in der Bohnenpaste schmilzt und sich die Bohnenpaste auflöst und glänzend wird. Das dauert etwa 1–2 Minuten. Vom Herd nehmen und die restliche Bohnenpaste dazugeben. Unter ständigem Rühren kochen, damit das Wasser verdunstet. Sie ist fertig, wenn sie so dick ist, dass man sie mit dem Holzspatel zusammenschieben kann, ohne dass sie wieder auseinanderläuft. Das dauert insgesamt etwa 10 Minuten.
10. Die Bohnenpaste in einer Auflaufform oder auf einem Teller verteilen, dann kühlt sie schnell ab. Mit Frischhaltefolie abdecken und in einen Plastikbeutel legen. Kann im Kühlschrank für 5–7 Tage oder im Gefrierschrank etwa 1 Monat gelagert werden.

SHIRO-AN
PASSIERTE WEISSE BOHNENPASTE

Shiro bedeutet weiß. In Japan wird Shiro-an normalerweise mit verschiedenen Arten von weißen Bohnen gekocht, aber hier verwende ich nur kleine weiße Bohnen. Die Zubereitung von Shiro-an ist fast dieselbe wie für Koshi-an.

Shiro-an hat einen leichteren Geschmack als Paste aus Adzukibohnen, und durch die weiße Farbe lässt sie sich leicht färben. Daher wird sie oft für schönes mehrfarbiges Gebäck bei der Teezeremonie verwendet und natürlich als Füllung. Die Paste kann mit anderen Zutaten wie gesalzenen Kirschblättern (Sakura-an) oder mit Yuzumarmelade (Yuzu-an) geschmacklich verfeinert werden.

ETWA 500 G

250 g getrocknete kleine weiße Bohnen
200 g Zucker

1. Die Bohnen gründlich abspülen und 8–10 Stunden in reichlich Wasser einweichen. Bohnen, die verfärbt sind oder kein Wasser aufgenommen haben, entfernen.
2. Den Schritten für Koshi-an auf Seite 128 folgen. Die weißen Bohnen müssen etwas mehr abgeschäumt werden als Adzukibohnen.

KURI KANRONI
KASTANIENKOMPOTT

Kuri bedeutet Kastanie, und Kanroni ist eine Technik, bei der man einen Rohstoff in süßem Sirup kocht, in diesem Fall Kastanien. Kuri Kanroni wird in vielen japanischen Süßigkeiten oder als Beilage zu Gerichten wie gegrilltem Fisch verwendet. In Japan wird fertiges Kuri Kanroni im Glas verkauft, aber wenn Sie frische Kastanien finden, können Sie Ihr eigenes Kuri Kanroni kochen, das leckerer ist als das Fertigprodukt aus Japan. Kuri Kanroni lässt sich auch noch für andere Süßigkeiten verwenden als die, die ich in diesem Buch beschrieben habe.

Kuri Kanroni, das in Japan im Glas verkauft wird, hat oft eine schöne gelbe Farbe durch getrocknete Gardenienfrüchte erhalten, aber das ist ein Schritt, den man überspringen kann, wenn man es selbst herstellt.

Wenn Sie frische Kastanien verwenden, müssen Sie Exemplare mit Wurmlöchern oder Schimmel auf der Oberfläche aussortieren.

ETWA 400 G

500 g frische Esskastanien

ZUCKERSIRUP

400 ml Wasser
400 g Zucker
2 EL Mirin
1 Prise Salz

1. Die Kastanien gut abspülen. Wenn die Schalen zu hart sind, um sie leicht zu schälen, können sie etwa 20 Minuten in heißem Wasser in einer Schüssel eingeweicht werden, dann sind die Schalen weicher und leichter zu entfernen. Mit einem Messer einen Schnitt an der Unterseite der Kastanie machen und dann die Schale abziehen. Die geschälten Kastanien sofort in Wasser legen, damit sie nicht trocken werden.
2. Die Kastanien abspülen und vorsichtig in einen Topf legen. Wasser aufgießen, sodass sie gerade bedeckt sind. Bei mittlerer Temperatur zum Kochen bringen, die Temperatur senken und etwa 10 Minuten köcheln lassen. Immer darauf achten, dass das Wasser die Kastanien bedeckt, da sie sonst trocken werden. Bei Bedarf etwas Wasser auffüllen. Im Kochwasser vollständig abkühlen lassen.
3. Den Sirup in einem anderen Topf zubereiten: 400 ml Wasser, Zucker, Mirin und Salz unter ständigem Rühren zum Kochen bringen. Wenn der Zucker geschmolzen ist, ist der Sirup fertig.
4. Die Kastanien aus dem Topf nehmen und vorsichtig in einen anderen Topf legen. Den Sirup darübergießen und bei mittlerer Temperatur aufkochen. Wenn es kocht, auf niedrige Temperatur stellen und einen »Deckel« aus Aluminiumfolie direkt auf die Kastanien legen, damit die Kastanien nicht im Topf herumschwimmen. 10 Minuten köcheln lassen. Dann etwa 12 Stunden stehen lassen. Wenn die Kastanien abkühlen, dringt die Süße in die Kastanien. Die Kastanien vorsichtig in ein gut gereinigtes Glas geben und mit dem Zuckersirup begießen. Das Kompott kann 7–10 Tage im Kühlschrank aufbewahrt werden. Soll es länger aufbewahrt werden, die Kastanien noch einmal mit dem Sirup aufkochen und in heiße sterilisierte Gläser füllen. Den Deckel zuschrauben und die Gläser zum Abkühlen auf den Kopf stellen. So halten sie sich bis zu einem Monat. Im Gefrierschrank hält sich das Kompott etwa 2–3 Monate.

DOMYOJI-KO

Domyoji-ko ist ein grobes Reismehl, das aus gedämpftem und getrocknetem Klebreis hergestellt wird.

ETWA 450 G

500 g Klebreis, rundkörnig

1. Den Reis in einer großen Schüssel mit Wasser waschen, dabei zügig mit einer Hand gründlich umrühren. Den Reis insgesamt 4 Mal mit jeweils frischem Wasser waschen. Dann 8–12 Stunden in Wasser einweichen.
2. Reichlich Wasser in einem großen Topf aufkochen, der unter einen Bambusdämpfer passt. Den Reis etwa 15 Minuten in einem Sieb abtropfen lassen und in ein Sarashi oder ein nasses Küchentuch legen, siehe Seite 144. Das Tuch zusammenfalten und in den Dampfgarer geben. Bei hoher Temperatur etwa 20 Minuten dämpfen. Einige Reiskörner testen, wenn kein Kern mehr enthalten ist, ist er fertig. Bei Bedarf weiter dämpfen.
3. Den Reis auf einem mit Backpapier bedeckten Tablett ausbreiten und an einen trockenen Ort stellen. 3–5 Tage trocknen lassen, bis der gesamte Reis vollständig trocken ist. Den Reis wenden und dabei Reisklumpen auflösen. Den Reis mit dem Stabmixer zerkleinern. Die Reiskörner sollten dann etwa $^{1}/_{5}$ bis $^{1}/_{6}$ ihrer ursprünglichen Größe haben.
4. Der zerkleinerte Reis kann in einem Plastikbeutel an einem trockenen Ort bei Zimmertemperatur rund 5 Monate aufbewahrt werden.

GESALZENE KIRSCHBLÄTTER

Kirschblätter haben eine besondere aromatische Komponente, die uns an die Ankunft des Frühlings erinnert. In Japan werden Kirschblätter kurz nach der Kirschblüte gepflückt.

50 BLÄTTER

50 frische Kirschblätter, am besten feine, junge Blätter mit etwa 1 cm langem Blattstiel
50 g Salz
100 ml lauwarmes Wasser

1. In einem Topf reichlich Wasser zum Kochen bringen und Eiswasser in einer Schüssel vorbereiten. Die Blätter nacheinander für 2–3 Sekunden in das kochende Wasser eintauchen und dann ins Eiswasser legen.
2. Die Blätter in Portionen à 10 Stück mit der gleichen Seite nach oben aufeinanderlegen. Gut abtropfen lassen und die Blattstapel flach nebeneinander in einen Plastikbehälter legen. Das Salz im lauwarmen Wasser auflösen und über die Blätter gießen.
3. Die Oberfläche mit Frischhaltefolie abdecken. Einen Plastikbeutel mit 1 Liter Wasser füllen und diesen auf die Blätter legen. In den Kühlschrank stellen und 3 Tage ziehen lassen.
4. Die Blätter abseihen und mit etwas Salz in einen Plastikbeutel geben. Die Luft aus dem Beutel drücken. Die Blätter können etwa 1 Jahr im Kühlschrank oder Gefrierschrank aufbewahrt werden. Die Farbe geht allmählich in Richtung Braungrün über. Vor Gebrauch das Salz abspülen und die Blätter mindestens 30 Minuten in Wasser einweichen.

TECHNIK

Die Textur von Chiffon Cake ist unglaublich weich, aber gleichzeitig so elastisch, dass er der rauen Behandlung standhalten kann, die erforderlich ist, um ihn aus der Form zu holen, siehe Seite 141.

Technik

Genau wie bei uns genießen wir auch in Japan unser Gebäck gerne zu Tee oder Kaffee, in einer Konditorei oder zu Hause. Aber die Art und Weise, wie wir backen, unterscheidet sich ein wenig, selbst bei Gebäck, das gängigen europäischen Gegenstücken sehr nahe kommt. Zum Beispiel unterscheidet sich die Methodik. Beim Backen beginnen wir immer mit der Vorbereitung aller Zutaten, die enthalten sein sollen. Zunächst werden alle Zutaten aus dem Rezept abgewogen und in geeignete Schüsseln verteilt. Was kalt verwendet werden soll, wird wieder in den Kühlschrank gestellt, und was Zimmertemperatur haben soll, bleibt draußen stehen. Ich weiß, dass einige ohne Waage backen, aber wenn man sich erst einmal daran gewöhnt hat, geht es einfach und schnell und die Mengen werden genauer. Der Grund, warum wir alle Zutaten vorbereiten, liegt nicht nur in der Strukturierung der Arbeit. In vielen Fällen ist es sogar notwendig, weil einige Schritte sehr schnell erledigt werden müssen, um die richtigen Konsistenzen zu erreichen, und dann gibt es einfach keine Zeit, mitten im Arbeitsschritt mit dem Abwiegen zu beginnen.

SAHNE

Wie bereits erwähnt, ist es immer wichtig, wie steif die Sahne geschlagen wird, zum Beispiel beim Shortcake. Ich schlage Sahne immer in einer großen Metallschüssel, am liebsten über einem Eiswasserbad. Dabei stelle ich aus der gesamten Menge zunächst eine leicht geschlagene Sahne her. Dann schlage ich jeweils nur einen Bereich der Schüssel auf, um genau die Konsistenz zu erhalten, die ich gerade brauche. In Japan steht auf den Sahneverpackungen immer, dass Sahne, die geschlagen werden soll, gut gekühlt sein muss. Daran denken wir oft nicht. Sahne, die bei zu hoher Temperatur geschlagen wird, trennt sich leicht. Die beste Sahnetemperatur beim Schlagen ist 7–8 °C. Sahne, die sich getrennt hat, kann nicht in ihren ursprünglichen Zustand zurückkehren und man kann damit auch keine Torte ordentlich bestreichen. Da die Sahne so empfindlich ist, stelle ich die Schüssel zwischendurch immer wieder in den Kühlschrank, wenn sie in mehr als zwei Arbeitsgängen verwendet wird. Es ist auch keine schlechte Idee, die Schüssel und die Geräte vorher zu kühlen. Sahne, die Schokolade enthält, ist noch empfindlicher und muss wirklich gründlich gekühlt werden, um zu verhindern, dass sie sich trennt. Ich benutze oft ein Eiswasserbad, um die Temperatur niedrig zu halten.

BAISERMASSE UND TEIG

Wenn Sie jemals Baiser zubereitet haben, werden Sie in vielen Rezepten die Techniken zur Herstellung von Baisermasse wiedererkennen. Kuchen, bei denen man hierzulande damit beginnen würde, Eier und Zucker schaumig zu rühren und dann Mehl und Backpulver hinzuzufügen, mache ich stattdessen, indem ich eine Baisermasse nur aus Eiweiß und Zucker herstelle, und dann vorsichtig, aber bestimmt in Eigelb und Mehl untermische. Der Grund dafür ist, dass ich, wie so oft beim japanischen Backen, versuche, eine möglichst luftige Textur zu erzeugen. Machen Sie sich also keine Sorgen, wenn Sie Backpulver in einem Rezept vermissen. Wie man die Baisermasse in den Teig einrührt, sehen Sie auf Seite 139. Das Ziel ist, dass möglichst viele der kleinen Bläschen im Teig das Mischen überstehen, damit das Ergebnis nicht flach und kompakt wird.

MEHL UND KNETEN

Aus dem gleichen Grund sieben wir in Japan immer das Mehl, mit dem wir backen. Dadurch werden Klumpen vermieden, es wird leichter, das Mehl schnell unterzumischen, und man hat eine größere Chance auf Erfolg mit einem luftigen Teig.
Japanisches Weizenmehl hat einen anderen Proteingehalt als hiesiges Weizenmehl. Darum füge ich oft eine kleine Portion Kartoffelmehl oder Maisstärke hinzu, um ihn nachzuahmen. Unser süßes Weizenbrot, Kashi-pan, sollte am besten recht warm gehen, 25–35 °C ist optimal. Wenn Sie einen Ofen mit Gärstufe haben, kann ich nur empfehlen, diese zu nutzen. Sie können aber auch die Schüssel mit dem Teig in ein Wasserbad mit 40–45 °C stellen.
Es ist gut, mit dem Kneten von Hand zu beginnen, um sich mit dem Teig vertraut zu machen. Da einige Rezepte aber ein recht langes Kneten erfordern, kann man natürlich auch eine Maschine verwenden. In den Rezepten schreibe ich, wie man von Hand bzw. maschinell kneten sollte.

Ein weiteres Beispiel, bei dem wir ein wenig anders denken, ist das Abkühlen der Kuchen. Ein Chiffon Cake, der vielleicht am ehesten einem uns bekannten Biskuitgebäck entspricht, sollte immer kopfüber abkühlen. Das mag seltsam klingen, aber die Textur dieses Kuchens wird so wirklich ganz besonders. Wie das geht, sehen Sie auf den Bildern auf Seite 141.

WASSERBAD UND MIKROWELLE

Ich habe oben erwähnt, dass ich gerne Eiswasserbäder benutze. Außerdem benutze ich ziemlich oft heiße Wasserbäder, sowohl mit einer Schüssel über einem Topf mit heißem Wasser als auch mit einem Wasserbad in einer Fettpfanne, die ich in den Backofen stelle. Der Grund dafür ist, dass viele der Rezepte eine milde Wärme erfordern, denn wenn sie durch starke Hitze geschockt werden, können sie zusammenfallen und kompakt werden. Normalerweise schmelze ich Schokolade in einem Wasserbad. Zu Hause benutze ich ziemlich oft die Mikrowelle, wenn ich Wagashi backe. In einigen Rezepten müssen Kürbis und Süßkartoffeln weich gekocht werden. Dazu benutze ich die Mikrowelle, weil ich finde, dass sie viel an Geschmack verlieren, wenn man sie in viel Wasser in einem Topf kocht. Eine gute Alternative zur Verwendung der Mikrowelle ist das Dämpfen.

SAHNE IM EISWASSERBAD SCHLAGEN

Um die Temperatur beim Schlagen der Sahne niedrig zu halten, schlage ich sie im Eiswasserbad. Schlagen Sie zuerst die gesamte Sahne zu einer weichen Konsistenz und dann einfach den Teil der Sahne, den Sie in dem jeweiligen Arbeitsschritt benötigen, zu der erforderlichen Konsistenz. Die Sahne wird mit der Zeit etwas lockerer, also passen Sie sie ständig an die benötigte Konsistenz an. Denken Sie daran, die Sahne in den Kühlschrank zu stellen, wenn Sie sie nicht verwenden.

1. Eis in eine Schüssel geben und mit Wasser auffüllen.

2. Eine Schüssel in das Eiswasserbad stellen. Die Sahne muss kühlschrankkalt sein. Auch Schüsseln und Schneebesen können vor dem Schlagen abgekühlt werden.

3. Normalerweise beginne ich mit dem elektrischen Handmixer und nehme zum Schluss den Schneebesen. Dann bekomme ich eine bessere Kontrolle über die endgültige Konsistenz.

DIE VERSCHIEDENEN KONSISTENZEN VON SAHNE

Unterschiedlich starkes Schlagen macht die Sahne für verschiedene Dinge verwendbar.

1. Leicht geschlagen für Cheesecake oder Mousse.

2. Mittelsteif geschlagen, um sie auf den Shortcake zu streichen oder zu spritzen.

3. Steif geschlagen, um sie im Shortcake oder Roll Cake zu verwenden. Passen Sie auf, dass es keine Butter wird.

MONTAGE DES SHORTCAKE

Wenn man die verschiedenen Teile der Torte zusammenstellt, gibt es einige gute Tipps, um das beste Ergebnis zu erzielen. Eine rotierende Tortenplatte und eine Tortenpalette machen es einfacher.

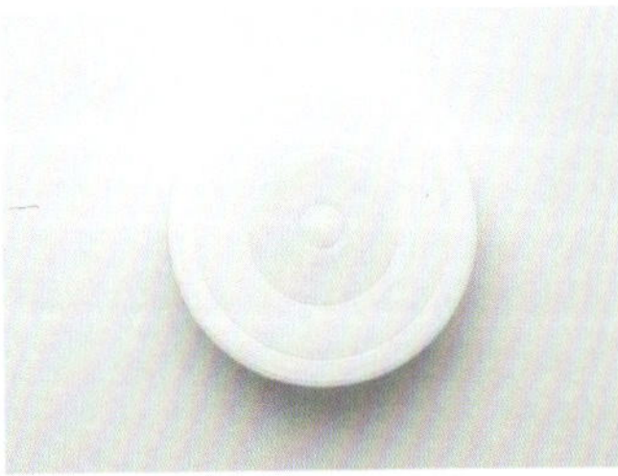

1. Am besten eine rotierende Tortenplatte verwenden.

2. Den untersten Tortenboden auflegen und mit Zuckersirup bestreichen.

3. Mit einer Tortenpalette eine dünne Schicht steif geschlagener Sahne darauf verteilen.

4. Die Tortenpalette ruhig halten und gleichzeitig die Tortenplatte drehen. Überschüssige Sahne von oben an die Ränder streichen.

5. Mit einer Schicht in feine Scheiben geschnittener Erdbeeren bedecken. Wie ein Puzzle auslegen, damit die Erdbeeren den Tortenboden bedecken.

6. Einen kleinen Raum in der Mitte freilassen, da sonst die Ränder der Tortenstücke beim Anschneiden der Torte nicht schön werden. Die Erdbeerscheiben nicht übereinanderlegen.

7. Steif geschlagene Sahne in einer dünnen Schicht auf den Erdbeerscheiben verteilen.

8. Die dünne Sahneschicht muss gerade und auch an den Rändern gleich hoch sein.

9. Die Tortenpalette ruhig halten und gleichzeitig die Tortenplatte drehen. Überschüssige Sahne von oben an die Ränder streichen.

10. Den zweiten Tortenboden auflegen und die Schritte 2 bis 9 wiederholen. Den dritten Tortenboden hinzufügen und mit Zuckersirup bestreichen.

11. Eine dünne Schicht mittelsteif geschlagener Sahne darauf verstreichen.

12. Auch die Seiten mit mittelsteif geschlagener Sahne bestreichen. Die Torte 15–30 Minuten in den Kühlschrank stellen, damit die Sahne besser haftet.

13. Einen Klecks mittelsteif geschlagene Sahne darauf geben und mit schwungvollen Bewegungen gleichmäßig verteilen. Die Tortenpalette am Rand der Schüssel abstreifen, aber darauf achten, dass keine Kuchenkrümel in die Sahne gelangen.

14. Die Tortenpalette ruhig halten und mit der anderen Hand die Tortenplatte drehen, sodass die Oberflächen gleichmäßig werden. Überschüssige Sahne am Rand bleibt zurück.

15. Mehr Sahne grob an den Seiten der Torte verteilen. Die Tortenpalette reinigen und dann senkrecht an die Seite der Torte halten. Gleichzeitig die Tortenplatte mit der anderen Hand drehen, sodass die Sahne auch an den Seiten gleichmäßig anliegt.

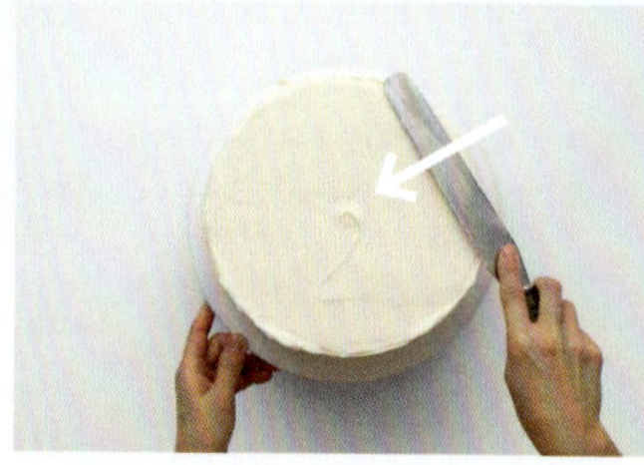

16. Die Tortenpalette reinigen und vorsichtig von den Rändern in Richtung Mitte ziehen, um überschüssige Sahne zu entfernen.

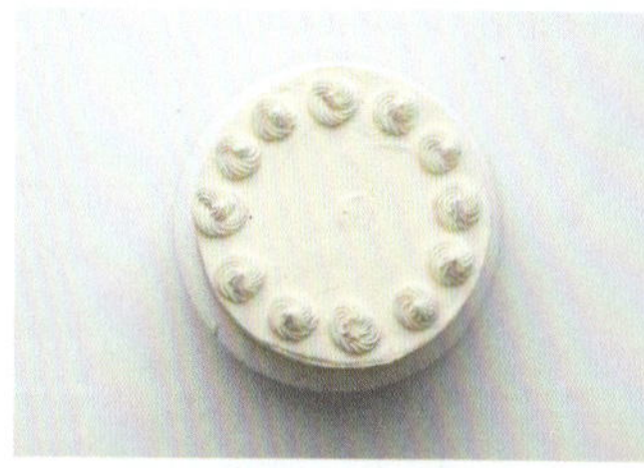

17. Mittelsteif geschlagene Sahne in eine Spritztüte mit Sterntülle geben. 12 Sahnespitzen rund um die Torte spritzen.

18. Mit halbierten Erdbeeren garnieren.

19. Fertig!

BAISERMASSE ODER MEHL UNTER DEN TEIG HEBEN

Wie gut das Ergebnis sein wird, hängt davon ab, wie gut Sie es schaffen, die Luftigkeit des Teigs zu erhalten, daher ist dieser Schritt wichtig. Hier zeige ich die Technik mit Baisermasse, aber die Handbewegungen sind die gleichen, wenn man Mehl unter den Teig hebt.

1. Mit dem Schneebesen beginnen.

2. Einen Klecks Baisermasse hineingeben und rühren, bis er sich auflöst.

3. Zum Teigspatel wechseln. Die Hälfte der verbleibenden Baisermasse hinzufügen.

4. Mit dem Teigspatel den Teig von oben nach unten in der Schüssel durchschneiden.

5. Mit dem Spatel der Rundung der Schüssel folgen, die Mischung in der Schüssel nach oben schieben und auf die Oberfläche des Teigs wenden.

6. Gleichzeitig die Schüssel mit der anderen Hand gegen den Uhrzeigersinn drehen.

7. Diese Bewegung wiederholen, bis die Baisermasse fast vollständig untergerührt ist. Gelegentlich vom Rand abstreifen, damit der gesamte Teig und die Baisermasse vermischt werden.

8. Den Rest der Baisermasse hinzufügen und die Schritte 4 bis 7 wiederholen.

ROLLEN DES ROLL CAKE

Eine japanische Biskuitrolle wird nicht sehr eng gerollt, enthält aber viel Füllung.

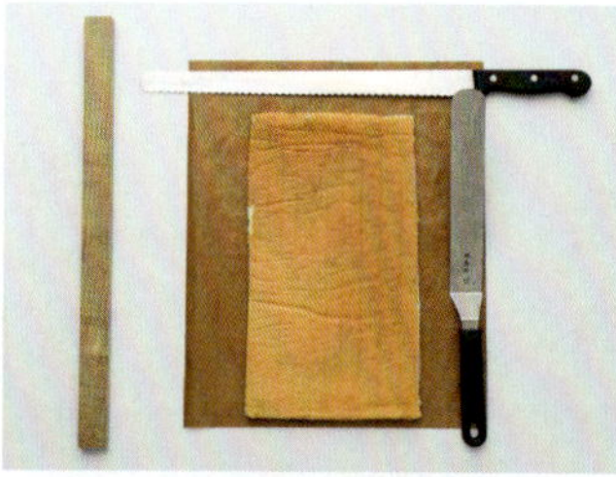

1. Den Kuchen in zwei Teile schneiden und vorsichtig jeweils auf ein Backpapier legen, sodass die dunklere Seite oben liegt. So platzieren, dass der Kuchen am unteren Rand mit dem Papier abschließt und oben noch Platz ist.

2. Die obere Kante, an der die Rolle dann endet, abschrägen.

3. Damit die Biskuitrolle leichter zu rollen ist und eine schönere Form bekommt, 5 flache Linien im Abstand von 2 cm auf der Seite einschneiden, von der aus mit dem Rollen begonnen wird. Darauf achten, den Kuchen nicht vollständig durchzuschneiden.

4. Mithilfe einer Tortenpalette mit steif geschlagener Sahne bestreichen.

5. Die Sahne gleichmäßig über den gesamten Kuchen und die Seiten streichen, die abgeschrägte kurze Seite freilassen. Es ist in Ordnung, wenn die Sahne an den Seiten überläuft, wichtig ist, dass die Sahneschicht auf dem Kuchen gleichmäßig hoch ist.

6. Mithilfe des Papiers aufrollen.

7. Am Anfang fester rollen.

8. Zum Schluss kann eine Holzleiste oder Ähnliches verwendet werden, um das Papier festzuziehen. Die Biskuitrolle mit der Naht nach unten auf ein Tablett in den Kühlschrank legen. Das Backpapier sollte dranbleiben. 1 Stunde ruhen lassen, damit sie besser zusammenhält. Das Papier entfernen und vor dem Servieren die Enden mit einem warmen Messer abschneiden.

CHIFFON CAKE AUS DER FORM NEHMEN

Man kann den Kuchen entweder mit einer Tortenpalette lösen oder diese etwas brutale, aber durchaus interessante Methode anwenden.

1. Den Kuchen kopfüber auf einer Flasche abkühlen lassen. Das wirkt Wunder für die Konsistenz.

2. Warten, bis der Kuchen vollständig abgekühlt ist.

3. Den gesamten Kuchen fest nach unten drücken, sodass sich die Seiten und die Mitte, die mit der Form Kontakt haben, lösen.

4. Den Boden der Form nach oben drücken, dabei die Mitte der Form festhalten. Den Kuchen mit dem Boden herausnehmen.

5. Den Rand des Kuchens in Richtung Mitte drücken, sodass sich der Boden löst.

6. Den Kuchen umdrehen und den Boden der Form abheben.

7. Der Kuchen ist weich, aber elastisch, sodass er durch diese grobe Behandlung nicht zusammensinkt, sondern sofort wieder seine schöne Form erhält.

FORMEN VON MANJU

1. Kartoffelmehl verwenden, damit der klebrige Teig nicht an den Händen klebt. Zu dünnen runden Kreisen mit einem Durchmesser von etwa 6 cm formen. Wenn die Mitte etwas dicker und die Kanten flacher sind, wird es einfacher, sie schön zu formen.

2. Einen Teigkreis in eine Hand nehmen und eine Kugel Bohnenpaste in die Mitte des Teigs legen.

3. Die Bohnenpaste einwickeln, indem der Teigkreis im Uhrzeigersinn in der Hand gedreht und die Ränder Stück für Stück hochgedrückt werden.

4. Der Teig an der Öffnung sollte dünner, der Teig an der Oberseite dicker sein.

5. Die Öffnung nach unten in die Hand legen und zu einer Kugel formen. Den Vorgang mit allen Teigstücken wiederholen.

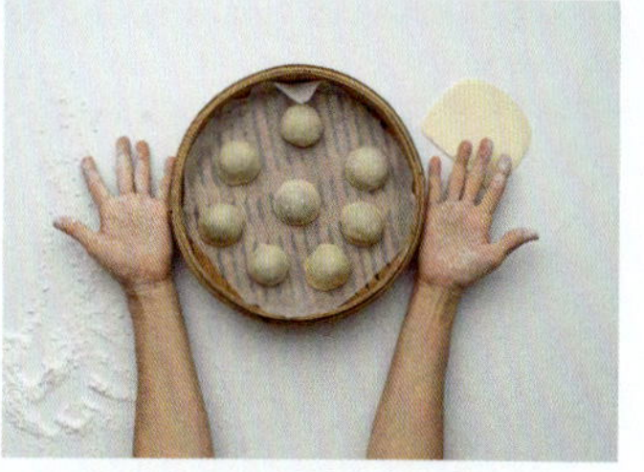

6. Die Manju auf Backpapier in den Dampfgarer legen.

MANJU IM DAMPFGARER GAREN

Manju sind traditionelle Wagashi, die gedämpft werden.

1. Backpapier in Stücke schneiden.

2. Die Manju auf die Papierstücke legen.

3. Deckel aufsetzen und dämpfen.

FORMEN VON DAIFUKU

Der Mochi-Teig, der für Daifuku verwendet wird, ist wirklich klebrig, also sparen Sie nicht am Kartoffelmehl an Ihren Händen.

1. Ein Stück Teig mit den Händen flachziehen. Verwenden Sie Kartoffelmehl an den Händen, damit der Teig nicht klebt.

2. Eine Kugel Bohnenpaste darauflegen.

3. Die Bohnenpaste einwickeln, indem die Ränder des Teigs weiter gedehnt werden.

4. Den Teig zusammendrücken und die Öffnung schließen, sodass der Teig die Bohnenpaste fest umhüllt.

5. Die Kugel umdrehen.

6. Vorsichtig die Kugel zwischen den Händen zu einer runden Form rollen.

KLEBEREIS IM DAMPFGARER GAREN

Bambusdämpfer sind in den meisten asiatischen Geschäften zu finden.

1. Einen großen, zum Dampfgarer passenden Topf verwenden.

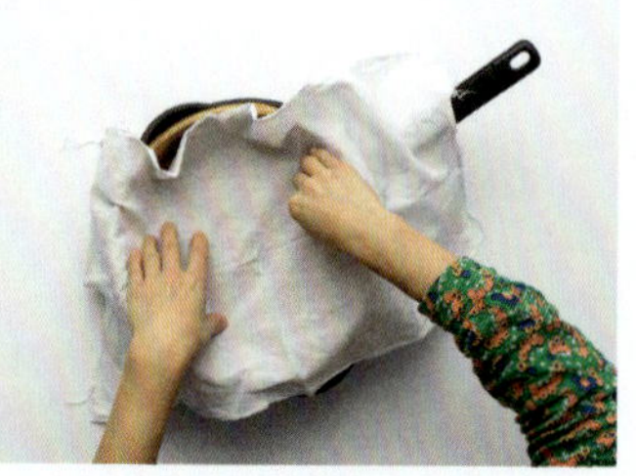

2. Ein Sarashi-, Tenugui- oder Küchentuch anfeuchten, auswringen und auf die Innenseite des Dampfgarers legen. Den eingeweichten und abgetropften Reis auf den Stoff legen. In der Mitte des Reises etwas Platz freilassen, damit die Wärme besser übertragen wird.

3. Das Tuch zusammenfalten. Den Deckel aufsetzen und dämpfen.

DIE FORM FÜR COTTON CHEESECAKE

Damit kein Wasser in die Springform eindringt, ist ein wenig Vorarbeit erforderlich.

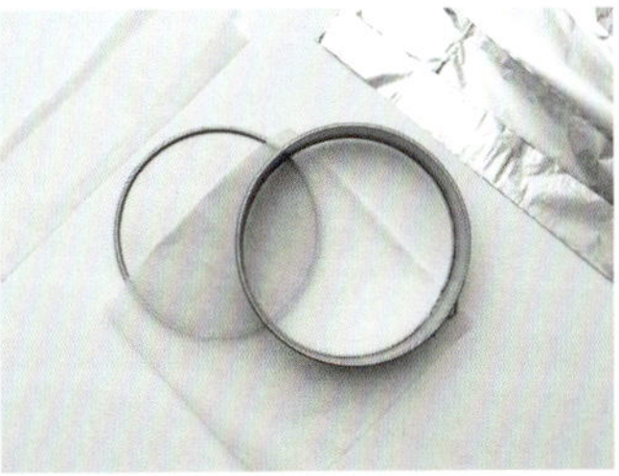

1. Außer der Form werden Backpapier und Aluminiumfolie benötigt.

2. Backpapier zwischen Boden und Rand der Springform festklemmen.

3. Mit einer Kantenlänge von 50 cm 3 Blätter Aluminiumfolie zuschneiden und einander so überlappend auslegen, dass sie den Boden der Form vollständig abdecken.

4. Die Ränder umklappen.

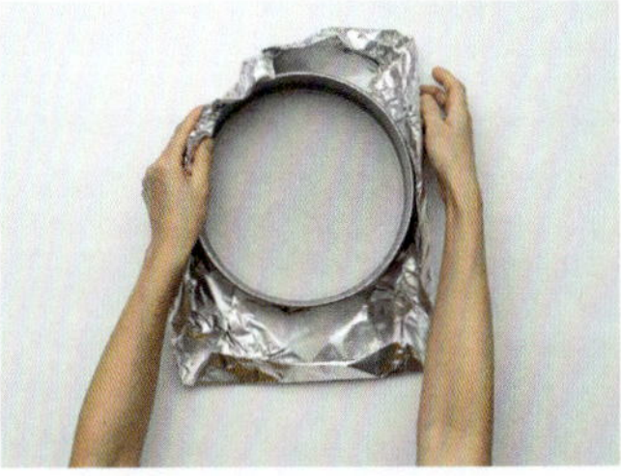

5. Am Rand der Springform hochklappen.

6. Rund um den Rand fortsetzen.

7. Geschmolzene Butter innen an den Rand der Form pinseln.

8. Die Innenseite mit Backpapier auslegen, das 3 cm höher ist als der Rand der Form. Auch die Innenseite des Papiers am Rand mit Butter bestreichen. Die Innenseite des Randes mit Puderzucker bestreuen.

CORNET-FORMEN

Es ist schwierig, Cornet-Formen aus Metall bei uns zu bekommen, aber man kann sie mit gewöhnlichem Druckerpapier und Backpapier selbst herstellen.

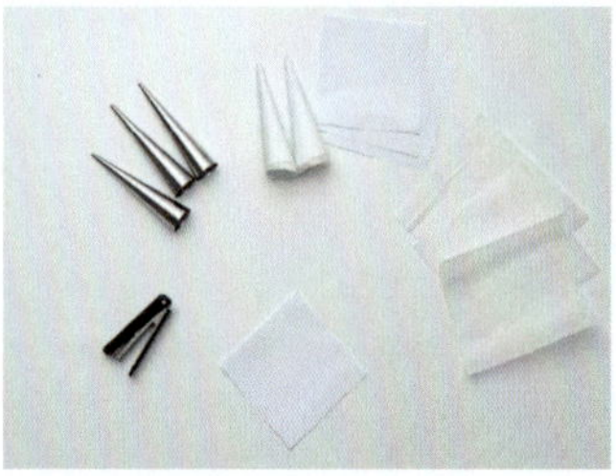

1. Mit einer Kantenlänge von 12 cm 12 Quadrate aus Druckerpapier ausschneiden. Dann 12 Quadrate aus Backpapier ausschneiden, deren Kantenlänge sollte 15 cm betragen.

2. Eine Seite eines Quadrats aus Druckerpapier umknicken.

3. Das Papier zu einer Tüte zusammenrollen.

4. Mit einem Heftapparat befestigen.

5. Das überschüssige Papier auf die Innenseite falten, sodass der obere Rand gerade ist.

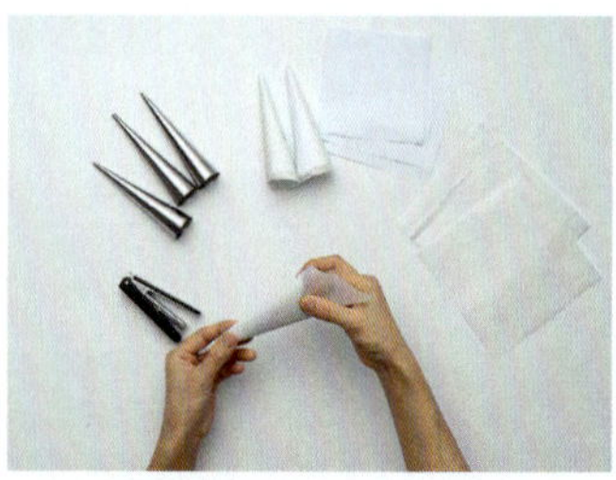

6. Ein Backpapierquadrat um die Papiertüte rollen.

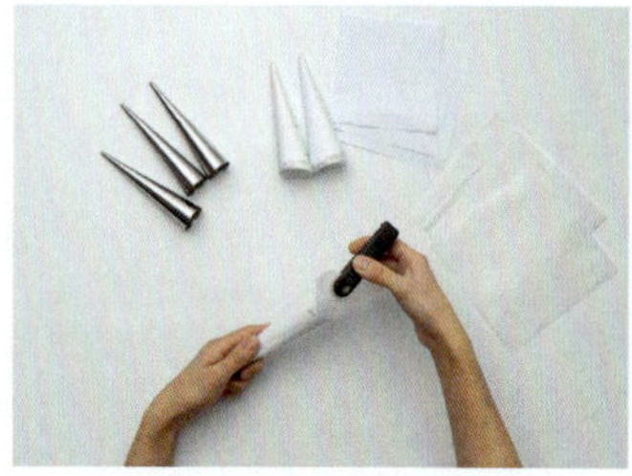

7. Mit dem Heftapparat befestigen.

8. Das überschüssige Papier auf die Innenseite falten, sodass der obere Rand gerade ist.

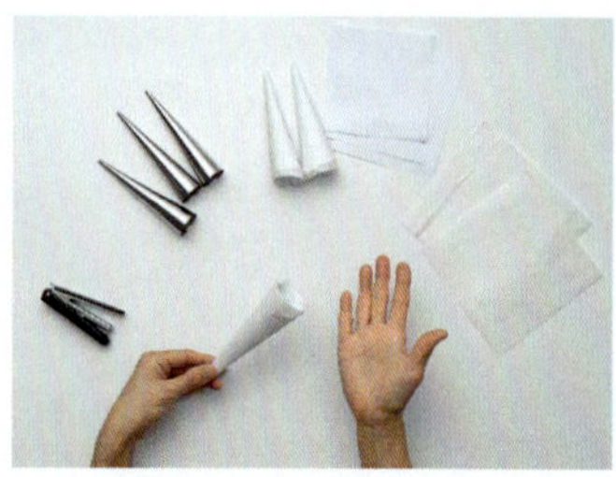

9. Fertig!

KLEINE SPRITZTÜTEN

Um beispielsweise einen Kawaii Roll Cake zu dekorieren, sind kleine Spritztüten praktisch, die leicht selbst hergestellt werden können.

1. Aus Zellophan 5 Dreiecke ausschneiden, etwa 20 x 20 cm.

2. Das Dreieck zu einer Tüte rollen, sodass die Mitte der längsten Seite zur Spitze wird.

3. Mit Daumen und Zeigefinger festhalten.

4. Das gesamte Zellophan zur Tüte rollen.

5. Die Hand wechseln und so nachdrehen, dass die Spitze spitz ist.

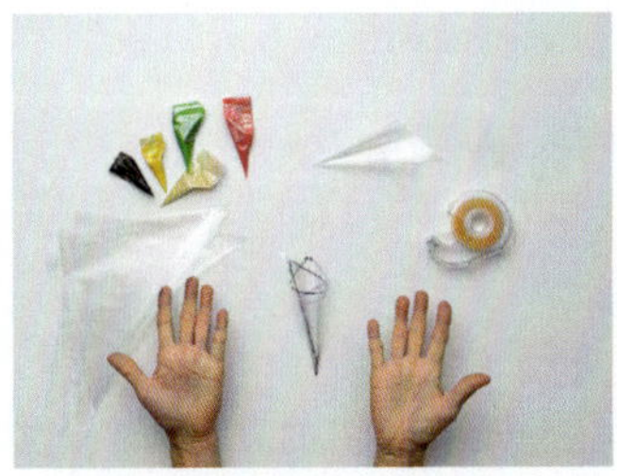

6. Die Naht festkleben, sodass die Spritztüte sich innen zur richtigen Form aufrollt.

Die japanische Teezeremonie

Einfach ausgedrückt ist eine Teezeremonie die japanische Tradition, bei der ein Gastgeber Matcha-Tee schaumig rührt und einem Gast serviert. Der Gast akzeptiert die Gastfreundschaft des Gastgebers und trinkt. Es gibt jedoch eine Vielzahl von komplizierten Regeln für Bewegungsmuster, für die Arten, den Tee zu verquirlen, für das Probieren, Sitzen und Begrüßen. Darüber hinaus ist die gesamte Umgebung mit Garten, Teehaus, Kunstwerken und Blumendekorationen ein Ausdruck der Gastfreundschaft und der Begegnung zwischen Gastgeber und Gast.

Zur Beschreibung der Teezeremonie wird oft der Ausdruck Wabi-sabi verwendet. Das ist eine Philosophie oder Ästhetik, die darauf basiert, dass man das Vorübergehende und Unvollständige akzeptiert und Befriedigung darin findet. Man beruhigt seinen Geist, indem man den Geist des Wabi-sabi schätzt und sich darauf konzentriert, in einem stillen Raum Tee zuzubereiten. Die Teezeremonie und der Zen-Buddhismus verbreiteten sich etwa Anfang des 13. Jahrhunderts gleichzeitig in ganz Japan und wurden im 16. Jahrhundert vom Mönch Sen no Rikyu formalisiert.

Wagashi-Gebäck zum Tee spielt eine wichtige Rolle, um die Köstlichkeit des Tees hervorzuheben, die Gefühle der Jahreszeit zu betonen und von der japanischen Gastfreundschaft zu erzählen. Bei einer Teezeremonie werden zwei verschiedene Matcha-Tees serviert, der dicke Matcha Koicha und der dünne Matcha Usucha. Welches Gebäck serviert wird, hängt davon ab, welcher Tee als Nächstes kommt.

Jou-namagashi sind hochklassige Wagashi, die zu besonderen Anlässen und Feierlichkeiten serviert werden. Das Gebäck wird, inspiriert von der Jahreszeit und der Natur, mit handwerklichen Techniken sowohl realistisch als auch abstrakt gefärbt und geformt. Diese schönen und eleganten Wagashi sollen nicht nur genossen werden, sondern auch eine Freude für Auge und Herz sein. In den folgenden Bildern wird eine Teezeremonie gezeigt, bei der Jou-namagashi angeboten werden, die die vier Jahreszeiten repräsentieren.

Die Teilnehmer tragen oft Kimonos bei der Teezeremonie.

Hortensie, Sommer

Sakura Mau, Tanz der Kirschblüten im Frühling

Aki no Niwa, Herbstgarten

Kan-tsubaki, Winterkamelie

Register

Danke!

Als japanische Konditorin bin ich stolz darauf, an der Bekanntmachung japanischer Backkultur beteiligt sein zu dürfen. Viele großartige japanische Konditoren und Bäcker haben sie mit großem Einsatz und viel Leidenschaft im Laufe der Geschichte entwickelt.

Ich danke:
Natur & Kultur, ich freue mich sehr, dass ich mein erstes Buch bei euch machen konnte.
Redakteur Henrik Francke und Verlegerin Maria Nilsson für ihre tatkräftige Unterstützung.
Charlie Drevstam für die tollen Bilder.
Sebastian Wadsted für das schöne Layout.
Mia Öhrn für das Probebacken und die guten Ratschläge.
Dem Ethnografischen Museum in Stockholm und Yuka Yamamoto für all die Hilfe im Teehaus.
Allen Freunden und meiner Familie in Schweden, Japan und den USA, für ihre Ermutigung und Unterstützung.
Allen Kunden, die mein japanisches Gebäck lieben.
Meinem Mann David und meinen Töchtern Kanon und Karen für die Unterstützung und Anfeuerung.
Allen, die jetzt dieses Buch lesen.

Impressum

Verantwortlich: Britta Bettendorf
Übersetzung aus dem Schwedischen: Vera Bahlk
Projektmanagement und Redaktion: Silke Schüler
Umschlag und Satz: Silke Schüler
Korrektorat: Susanne Langer-Joffroy M.A.
Repro: LUDWIG:media
Herstellung: Julia Hegele

Printed in Germany by Appl

Texte & Rezepte: Ai Ventura
Fotografie: Charlie Drevstam
Layout: Sebastian Wadsted

Unser komplettes Programm finden Sie unter:

www.christian-verlag.de

Alle Angaben dieses Werkes wurden von der Autorin sorgfältig recherchiert und auf den neuesten Stand gebracht sowie vom Verlag geprüft. Für die Richtigkeit der Angaben kann jedoch keine Haftung übernommen werden, weshalb die Nutzung auf eigene Gefahr erfolgt. Sollte dieses Werk Links auf Webseiten Dritter enthalten, so machen wir uns die Inhalte nicht zu eigen und übernehmen für die Inhalte keine Haftung.

In diesem Buch wird aus Gründen der besseren Lesbarkeit das generische Maskulinum verwendet. Weibliche und anderweitige Geschlechteridentitäten werden dabei ausdrücklich mitgemeint, soweit es für die Aussage erforderlich ist.

★★★★★

Sind Sie mit diesem Titel zufrieden? Dann würden wir uns über Ihre Weiterempfehlung freuen. Erzählen Sie es im Freundeskreis, berichten Sie Ihrem Buchhändler oder bewerten Sie bei Onlinekauf. Und wenn Sie Kritik, Korrekturen, Aktualisierungen haben, freuen wir uns über Ihre Nachricht an: Christian Verlag, Postfach 40 02 09, D-80702 München oder per E-Mail an lektorat@verlagshaus.de

Die Deutsche Nationalbibliothek verzeichnet diese Publikation in der Deutschen Nationalbibliografie; detaillierte bibliografische Daten sind im Internet über http://dnb.d-nb.de abrufbar.

Titel der schwedischen Originalausgabe: *Japanska bakverk*

Die deutschsprachige Übersetzung wird von der Christian Verlag GmbH aufgrund Lizenzvereinbarung mit dem schwedischen Verlag Natur & Kultur veröffentlicht.

2. Auflage 2026

ISBN: 978-3-95961-811-3